三诗人传

陶渊明传

陶诗质厚近古
愈读而愈见其妙

郭银田
著

团结出版社

图书在版编目（CIP）数据

三诗人传.陶渊明 / 郭银田著.— 北京：团结出

版社，2023.8

ISBN 978-7-5126-9519-1

Ⅰ.①三… Ⅱ.①郭… Ⅲ.①陶渊明（365-427）—

传记 Ⅳ.① K825.6

中国版本图书馆 CIP 数据核字 (2022) 第 143573 号

出版：团结出版社

　　（北京市东城区东皇城根南街 84 号　邮编：100006）

电话：（010）65228880　65244790　（传真）

网址：www.tjpress.com

Email：zb65244790@vip.163.com

经销：全国新华书店

印刷：北京天宇万达印刷有限公司

开本：145×210　1/32

印张：22.25

字数：433 千字

版次：2023 年 8 月　第 1 版

印次：2023 年 8 月　第 1 次印刷

书号：978-7-5126-9519-1

定价：120.00 元（全三册）

目　录

第一章　导论

"If I were not Alexander, I should like to be Diogenes."

——Alexander The Great

"假若我不是亚历山大的话，我愿意是第欧根尼。"

——亚历山大大帝

按：Diogenes为希腊犬儒学派（Cynicism）哲人之一，为了自由理想，反对日常生活的舒适，而主清苦。他住在一个很大的陶器桶内，靠近克瑞斯神庙（The Temple of Ceres）。当Alexander征服希腊南部至科林斯（Corinth），被推举为联军司令时，前往Diogenes的住所，与之会面，只见Diogenes躺在桶的前面，赤身曝日，在地上滚来滚去，亚历山大问其故，答曰："吾见尔等扰攘迫忙，故吾亦转动云。"临别，亚历山大说："我能为你做什么呢？"他回答："是的，要你站在我的阳光以外！"亚历山大从者恶其无礼，兼以轻蔑语调评讥哲人，亚历山大闻而止之曰："假若我不是亚历山大的话，我愿意是第欧根尼。"极景仰崇拜之忱。

平津苟不由，栖迟讵为拙。

——陶潜《癸卯岁十二月中作与从弟敬远》

陶潜诗喜说荆轲，想见停云发浩歌。吟到恩仇心事涌，江湖侠骨恐无多。

陶潜酷似卧龙豪，万古浔阳松菊高。莫信诗人竟平淡，二分梁甫一分骚。

陶潜磊落性情温，冥报因他一饭恩，颇觉少陵诗吻薄，但言朝叩富儿门。

——龚自珍《舟中读陶诗》

一、陶潜的质性

因为宋《晋书》《南史》列陶潜入《隐逸传》，钟记室《诗品》称潜为"隐逸诗人之宗"，所以消极厌世的诗人，便成为对陶潜的传统定评，这实在是没有充分了解他。

欲知陶潜不是消极而是积极，不是厌世而是人间的真相，这就不能不先从明了他的质性入手。陶潜质性，第一是"刚"，《戊申岁六月中遇火》说："贞刚自有质，玉石乃非坚。"《与子俨等疏》也说："性刚才拙，与物多忤。"由于性刚，因而一是不能和庸俗妥协，这是他的"与物多忤"。见于行事的如为彭泽令时，不能为五斗米折腰，而解印去县；隐居时，江州刺史檀道济馈以梁肉,麾而去之。(详见第四章第一节)。二是他超乎常人的极端要求,如"平津苟不由,栖迟讵为拙",就是他的隐居也是出于积极的表现(参考第五章)。次如他的名字也反映了他的积极,吴仁杰说:"按先生之名渊明,见于集中者三,其名潜见于《宋书·陶潜传》者一,集载孟府君传,及祭程氏妹文,皆自名渊明。又按萧统所作传,及《南史》载先生对道济之言,叫自称曰潜。孟传不着岁月,祭妹文晋义熙三年所作,据此,即先生在晋名渊明,可见也。此年对道济,实宋元嘉,则先生至是盖更名潜矣。山谷怀陶令诗云:'潜鱼愿深渺,渊明无由逃。'盖言渊明不如潜之为晦,此尤深得先生更名之意。"他在晋名渊明,入宋更名潜,也是性刚而极端的表现。由于他要求极端,是以对于生命也要求持续永久,《读〈山海经〉十三首·其五》说:"在世无所须,惟酒与长年。"(参考第五章)第二是"自然",《归去来兮辞序》说:"质性自然,非矫厉所得。"因为自然,故而他反对人为,是以他有"久在樊笼里,复得返自然"(《归园田居·其一》)的话,由于自然,也造成了他一生为自由而奋斗的生活典型。虽然在为自由奋斗的过程中,人生态度却表现得那么极端(极端也是从性刚里所产生出来的):

忆我少壮时,无乐自欣豫。猛志逸四海,骞翮思远翥。(《杂诗·其五》)

少时壮且厉,抚剑独行游。谁言行游近?张掖至幽州。饥食首阳薇,渴饮易水流。不见相知人,……吾行欲何求!(《拟古·其八》)

希望用世的结果是："尝从人事，皆口腹自役。于是怅然慷慨，深愧平生之志。"（《归去来兮辞序》）。如此的生活当然使他感到痛苦，于是在"饥冻虽切，违己交病"的为自由奋斗的观念里，他从"咄咄俗中愚"的束缚中解放出来，而"拂衣归田里"的重新获得自由，孕育出人生的另一端：

遥遥沮溺心，千载乃相关，但愿长如此，躬耕非所叹。（《庚戌岁九月中于西田获早稻》）

弱湍驰文鲂，闲谷娇鸣鸥。（《游斜川》）

这是何等高贵的人生境界？驰文鲂的"驰"字，和娇鸣鸥的"娇"字，是吐露何等的生命自由？所以说陶潜的用世与否。完全是出于他积极的自由意志，是归隐不是消极，又因为获得自由是人生的最高价值，如是隐居求志的事，更是最人间不过的了，虽然他曾为了精神自由，而暂且忽视了人间（见第四章第二节），这也勿碍于他根本的肯定人间。因为诗人的思想常是矛盾的，思想的前后统一，那是哲人的事。明乎此，则知陶潜的真精神，不是消极厌世，而是积极人间，从积极人间的概念里，更可以了解他怕死与希望长生之故了。（参考第五章）

让我重复说吧，陶潜的质性是刚与自然。因为性刚，故有超乎常人的要求，不容于俗，这是他在人间失败的缘故和痛苦的基础。又因为性自然，故反对人为的束缚、虚伪，这更增加了自己的失败与苦痛的程度。因其质性故，在人间的一切是失败了，不过他在大自然里却有了奇伟的收获，这便是田园诗的创作。作诗是为人而不是为己（假若为己的话，只要涵泳在诗境里，获得个人的愉悦享受就够了，何必一定写出来？），即此一点，已足证其人间味之浓厚了。

二、家庭的传统精神教养与陶潜

陶潜根本的超乎常人的要求和其一生为自由而奋斗，这主要的虽是由于他的性格所致，但另一方面也是由于他家庭的传统精神教养使然。

陶潜在《命子》诗里自述其家世至详，除开头一段追溯得姓之始，以邈远不论外，其远祖当首推汉初的功臣陶舍，及丞相陶青：

> 天集有汉，眷予愍侯。（李公焕注：高帝功臣表：开封愍侯陶舍，以右司马从汉破代封侯。）于赫愍侯，运当攀龙，抚剑风迈，显兹武功，书誓山河，启土开封。亹亹丞相，允迪前踪。（何焯曰：百官公卿表，孝景三年，御史大夫陶青为丞相，七年六月免。）

一个是文治，二个是武功，都显示着超人一等。他的曾祖是陶侃。（《宋书》《晋书》《南史》悉同）：

在我中晋,业融长沙。(按:陶侃以平苏峻乱,封长沙郡公。)桓桓长沙,伊勋伊德,天子畴我,专征南国,功遂辞归,临宠不惑,孰谓斯心,而近可得。

陶侃也是进有超人一等的功业,退有与众不同的功成不居之奇特。他的祖父陶茂,为武昌太守。

肃矣我祖,慎终如始,直方二台,惠和千里。

更是一位平和拘谨而理智的人。他父亲的名字行事已不可考:

于皇仁考,淡焉虚止,寄迹风云,冥兹愠喜。

知其父虽曾做过官,但对名利是极不热衷了。(关于陶潜的家世,历来自然也有异议:例如说陶侃不是潜的曾祖,潜的祖父不是陶茂而为陶岱。其父也不是无名而为陶逸。为此说前人已辟其妄,兹不重述。)

不过,在家庭的传统精神教养里,对他的影响最大的,恐怕首推陶侃了。

一、魏晋以来的社会风尚,殆无过于重氏族、尚门第一事,是以位极人臣的陶侃,容易为其后人所矜式,和高自标异,《宋书·陶潜传》说:"自以曾祖晋世宰辅,耻复屈身异代,自高祖王业渐隆,不复肯仕。"这自然更表明了他超人一等的要求,也加重了与人的冲突。

二、陶侃的实际、拘谨，也给予他一种理智的启示：

《晋书·陶侃传》说："侃在（广）州无事，辄朝运百甓于斋外，暮运于斋内，人问其故，答曰：吾方致力中原，过尔优逸，恐不堪事，故自劳耳。"又说："侃勤于吏职，恭而近礼，爱好人伦，终日敛膝危坐。阃外多事，千绪万端，罔有遗漏。远近书疏，莫不手答，笔翰如流，未尝壅滞。引接疏远，门无停客。常语人曰：'大禹圣者，乃惜寸阴，至于众人，当惜分阴，岂可逸游荒醉？生无益于时，死无闻于后，是自弃也。'诸参佐或以谈戏废事者，乃命取其酒器蒲博之具，悉投之于江。吏将则加鞭朴。曰：樗蒲者，牧猪奴戏耳。老庄浮华，非先王之法言，不可行也。君子当正其衣冠，摄其威仪，何有乱头养望自谓宏达邪！"

这是陶潜虽然性刚，但不趋"情"而归于"理"之故。（参考第三章第二节）。其次是他外祖父孟嘉，《晋故征西大将军长史孟府君传》说：

"（嘉）始自总发，至于知命，行不苟合，言无夸矜，未尝有喜愠之容。好酣饮，逾多不乱。至于任怀得意，融然远寄，旁若无人。（桓）温尝问君：'酒有何好，而卿嗜之？'君笑而答之：'明公但不得酒中趣尔。'又问听妓，丝不如竹，竹不如肉，答曰：'渐近自然。'"

由此可知陶潜的"性不解音，而畜素琴一张，弦徽不具，每朋酒之会，则抚而和之，曰：'但识琴中趣，何劳弦上声。'"（《晋书·陶潜传》）和他的爱好"自然"之渊源所在了。

第二章　田园山水诗诞生之时代背景

魏晋以后，诗分二系。一为正始（魏废帝年号）系，一为太康（晋武帝年号）系。正始系诗主质，重理而不尚辞采；太康系主文，重情而兼重辞采。就二系的势力消长来说，太康至过江，是太康系诗风炽盛的时代，过江后至义熙，是正始系诗风重振的时期，但刘宋至唐初，太康系诗风又中兴了（详见第三章第三节）。因之在山水诗体的创制里，也很自然地分为两系，那便是陶潜的田园诗和谢客的山水诗，一是继承着正始系的艺术，一是因袭着太康系的诗风。洪亮吉《北江诗话》说："陶彭泽诗，有化工气象。余则惟能描摹山水，刻画风云，如潘、陆、鲍、左、二谢等是矣。"洪氏也是把山水诗划分为二概：一边是借着山水的清明奇妙，以玄理寄托为主，一边是凭着山水的峥嵘浩瀚，以状形写貌相尚。陶潜便是玄理趣味山水诗的代表，陶诗之被称为化工气象，更是玄理趣味山水诗体上的大收获。谢灵运是状形写貌山水诗的巨匠，所以《文心雕龙·明诗篇》说："宋初文咏，体有因革，庄老告退，而山水方滋。俪采百字之偶，争价一句之奇，情必极貌以写物，辞必穷力而追新。"因为齐梁是陟太康系诗而黜正始系诗的时代，所以论山水诗体的创制，也就主灵运而忽靖节了。提倡白话文运动的今人胡适，对诗的见解，当然是主正始而反太康的，他把山水诗体的创制之功，则又首归于陶潜，次及灵运。在彼之《白话文学史》中说："五世纪以下，老庄的自然主义的思想已和外来的佛教思想融合了；士大夫往往轻视世务，寄意于人事之外；虽不能出家，而往往自命为超出尘世。于是在文学方面有'山水'一派出现。刘勰所谓'宋初文咏，庄老告退，而山水方滋'，即是指这种趋势。代表这种趋势的，在五世纪有两个人：陶潜与谢灵运。陶潜生在民间，做了几回小官，仍旧回到民间，……所以他更能赏识自然的真美，所以他歌唱自然，都不费气力，轻描淡写，便成佳作。……后来他的诗影响了无数诗人，成为'自然诗人'的大宗。谢灵运也歌唱自然界的景物，但他中骈俪文学的毒太深了，用骈偶句子来描写山水，偶然也有一两句好句子。然而'自然'是不能硬割成对偶句的，所以谢灵运一派的诗只留给后人一些很坏的影响，叫人做不自然的诗来歌唱自然。"（《白话文学史》第十三章《歌唱自然的诗人》）

田园山水诗的诞生虽在晋宋之际，但它的植根却在有晋一代，特别是在东晋开国到刘裕建宋的三百年里，因时代乱离与思想精神风尚所关，乃使人产生了一种从对人间社会的厌恶，归结到对大自然的爱好与向往的要求。今人宗白华的《论〈世说新语〉和晋人的美》中说："晋人向外发现了自然，向内发现了自己的深情。山水虚灵化了，也情致化了。陶渊明、谢灵运这般人的山水诗那样地好，是由于他们对于自然有那一股新鲜发现时身入化境、浓酣忘我的趣味。他们随手拈来，都成妙谛，境与神会，真气扑人！"在晋人新鲜活泼自由自在的心灵里，由发现山水形体之美的玩赏，进而孕育着田园山水诗的胚芽，终于在文学史上荡漾出了崭新、辉煌的一页。

一、异族凌轹与内乱相寻

自从胡羯入侵（公元4世纪初），中原荡覆，晋室南迁，造成了历史上空前未有之剧变。东晋元帝即位建康（公元317），保持着东南半壁，奠定下江左偏安的政治基础。但东晋建国以来，虽有少数人戮力王室，致力中原，然而大多数拥兵的军阀，仍上演着藩镇跋扈和骄将构乱的把戏。荆扬两州，因为地理形势的关系，一为防守的要冲，一为国都的所在，都由大将领兵驻守，因之胚胎出荆扬两系的军阀。这两系军阀又在互争雄长，明争暗斗。荆州系军阀，气势尤盛，到了桓温，竟几乎取东晋而代之。桓温死后，谢安执政，命谢玄在扬州练成一支有名的"北府兵"，淝水一战（公元383年），竟把苻坚的八十万大兵，打了个落花流水，故而扬州系军阀也因此抬头，朝廷的权威也因此略微振作了一点。不幸的是，谢安死后，司马道子父子当国，招权纳贿，无所不为，又把朝政弄得一团糟。他们还想靠名将刘牢之的声威和北府兵的实力去讨伐荆州系军阀桓玄（桓温的儿子），结果刘牢之倒戈，桓玄兵入建康（公元402年），司马道子父子被杀，次年桓玄即篡位称帝。后来北府将刘裕起兵打败了桓玄，才结束荆扬两系军阀对立的局面。但是就在荆扬两系军阀的势力盈虚消长中，不仅间接地制造出后日刘裕建宋的机会，而且直接把东晋的政治弄到黑暗、混乱，以直到崩溃的程度。试想在如此的一个乱离的时代里，一边是有异族的凌辱，导演着不可克服的外患，一边是有军阀的构乱，造成了内乱相寻的隐忧。结果是局促江左，偏安一隅，回首中原，力不能救。因之，南渡后过江的衣冠士夫，都感伤乱离，兴起了认为生命飘浮，一切希望渺茫的思想。《晋书·王导传》说："晋国既建，以导为丞相军咨祭酒。桓彝初过江，见朝廷微弱，谓周顗曰：'我以中州多故，来此欲求全活，而寡弱如此，将何以济？'忧惧不乐……过江人士，每至暇日，相邀出新亭饮宴。周顗中坐而叹曰：'风景不殊，举目有江河之异。'皆相视流涕。"《晋书·周顗传》："（元）帝宴群公于西堂，酒酣，从容曰：'今日名臣共集，何如尧舜时邪？'顗因醉厉声曰：'今虽同人主，何得复比圣世！'帝大怒而起，手诏付廷尉，将加戮，累日方赦之。"《晋书·桓温传》："隆和初，温欲还都洛阳。上疏曰：'自疆胡凌暴，中华荡覆，狼狈失据，权幸扬越，盖屯圮所钟，非理胜而然也。而丧乱缅邈，五十余载，先旧徂没，后来童幼，班荆辍音，积习成俗，遂望绝于本邦，宴安于所托，眷言悼之，不觉悲叹！'"朝廷既如此寡弱，社会又零乱如此，中州的收复绝望，人生乃倍感悲凉。《晋书·王羲之传》说："谢安尝谓羲之曰：中年以来，伤于哀乐，与亲友别，辄作数日恶。"《晋书·桓温传》说:"温自江陵北伐,行经金城,见少为琅琊时所种柳皆已十围,慨然曰:'木犹如此,人何以堪。'攀枝执条,泫然流涕。"于是大自然便成为寻找安慰的乐土,解脱人间烦恼的地方了。就在人从社会回到自然的过程中,奠定了最高贵智慧的山水田园诗的艺术基础。

二、人性的觉醒与个性价值的追求

魏晋的政治虽是极端地混乱糟糕,社会虽是十分地黑暗痛苦,然而在精神史上却放射出最大的光辉,这是中国的文艺复兴(Renaissance)。此时代唯一的特点是:人性的觉醒与个性价值的追求。他们崇尚自然,不重人为,反对传统礼教的束缚、虚伪,要求人格的解放,心灵的真挚,精神的自由,生活的新鲜,个性的自然和人性的发挥。这种"人性自觉"的基本概念表现到晋人对生活的态度上,那便是他们极端的自然主义和个性主义。

"人性自觉"是对两汉以来传统的学术思想与伦理思想的反动后所造成的结果。

第一,就学术思想说,两汉是儒学时代,经生的治学精神是守师法而重训诂的;因为当时的传经是以口授,故守师说师法,师法也可说是家法,其精神所在,是师云而云,师然而然,个人不得自由发抒己见,和引申新义,就家法本身,他人亦不得非难。又经书自经秦火后，残简断片，残缺不全，故两汉人乃以章句训诂为学，专在文字上用功，所谓："而务碎义难逃，便辞巧说，破坏形体；说五字之文，至于二三万言。后进弥以驰逐，故幼童而守一艺，白首而后能言。"（《汉书·艺文志》）忽视了义理。像这种支离破碎，烦琐到令人生厌的章句训诂之学，再加上墨守成规的师说，造成的问题是锢闭了人的自由思想，束缚着人活生生的精神，学问之汩没性灵，至是已极。然而物极必反，终于在人性自觉解放的要求下，冲溃了拘谨保守锢闭的防堤，是以东汉之季，遂由朴学而趋游谈。《后汉书·谢甄传》说："（谢甄）与陈留边让并善谈论，俱有盛名。"又《符融传》说："后游太学，师事少府李膺，膺凤性高简，每见融，辄绝他宾客，听其言论。融幅巾奋袖，谈辞如云，膺每捧手叹息。"章炳麟《文录五朝学》说："魏晋者，俗本之汉，陂陀从迹以至。……且夫鸣琴之政，醇酒之治，所从来非一世也。汉季张邈从政，号为坐不窥堂。孔伷亦清淡耳。孔融刺青州，为袁谭所攻，流矢雨集，犹隐几读书，谈笑自若，城陷而奔。阮简为开封令，有劫贼，外白甚急，简方围棋，长啸曰：'局上有劫，甚急！'……斯数子者，盖王导谢安所从受法。"在两汉的师法训诂里，孕育出了一个反动的清谈，作为魏晋风尚的先导，到了陶潜便有"学非称师，文取指达"（颜延之《陶征士诔》）的治学方法了。

魏晋人不但反对师说训诂，更彻底的是废弃烦琐的考据而提出真理。讲学所注重的是引申新义，自由创新，如讲《周易》既可与老庄合讲，老庄仙佛之义理，亦可互相引证发明（故事多见《世说新语》）。其次并遗弃了汉儒思想不脱语言文字束缚的风尚，而主张摆脱文字的枷锁，追求"得意忘言""得鱼忘筌"的玄味。如向秀的《庄子注》说："名者，影响也，影响者，形声之桎梏也。"（《德充符》注）即是对于文字迹象的一种遗弃。到了陶潜便**"好读书，不求甚解，每有会意，便欣然忘食"**了（《五柳先生传》）。冯班的《钝吟杂录》说："陶公读书，止观大意，不求甚解。所谓甚解者，如郑康成之《礼》，毛公之《诗》也。世人读书，正苦大意未通耳。"

第二，就伦理思想说，东汉崇尚儒术，表彰气节，主张节制个性的名臣观念，所以一反动就是曹操的那种超道德观念的用人行政。《魏志·卷一》："建安十五年春：下令曰……今天下尚未定，此特求贤之急时也。孟公绰为越、魏老则优，不可以为滕、薛大夫。若必廉士而后可用，则齐桓其何以霸世？今天下得无有被褐怀玉，而钓于渭滨者乎？又得无有盗嫂受金，而未遇无知者乎？二三子其佐我明扬仄陋，唯才是举，吾得而用之。"又："建安十九年十二月令曰：夫有行之士，未必能进取。进取之士，未必能有行也，陈平岂笃行，苏秦岂守信耶？而陈平定汉业，苏秦济弱燕。由此言之，士有偏短，庸可废乎？有司明思此义，则士无遗滞，官无废业矣。"又裴松之注说："建安二十二年八月令曰……今天下得无有至德之人，放在民间。及果勇不顾，临阵力战，若文俗之吏，高才异质，或堪为将守，负污辱之名，见笑之行，或不仁不孝而有治国用兵之术。其各举所知，勿有所遗。"这种唯才是举，不以道义为衡量进退的用人标准，实在给予魏晋人一种精神解放,人格解放的暗示,所以阮籍乃有"礼岂为我设邪"的对虚伪矫饰的礼法之抗议。至此传统的伦理破坏无余。

由于对传统的学术伦理思想之反动,晋人发现了自己,发现了个性的价值。因此他们的生活精神也表现了三个方向:一是要生活,要独立美满自由的生活,不做有形或无形的奴隶,而主张任性适己,解脱儒教统治下的礼法束缚,这是他们的佯狂任达。二是要思想自由,摈弃了传统锢闭思想的所有东西,而自由地想,自由地探索,这是他们玄风之所出,也是谈论析理之所自。三是厌恶现世的局促,《晋书·刘伶传》说:"伶身长六尺,容貌甚陋,放情肆志,常以细宇宙齐万物为心。"渴望着精神的邈远驰骋,《晋书·谢安传》说:"尝与王羲之登冶城,悠然遐想,有高世之志。"然而人间社会毕竟是烦恼与束缚洋溢着的地方,尤其是在东晋乱离的时代里,到哪里去实现这种自由解放的生活理想?是以圣洁旷放的大自然,正符合、满足着这种要求,而成为理想的福地。在从人间世到大自然的回归里,不仅发现着人性的高贵、个性的价值,实现了人格解放、个性解放的愿望,而且也意识到大自然的美丽,奠定了山水田园诗的创作基础。

三、三玄思想与印度精神之融合

魏晋是周秦诸子以后第二度的哲学时代,也是一个最富有艺术热情的时期。在思想的流变上，汉代是儒家独尊，至魏晋则是道家称霸，魏废帝正始时代便是由儒到道的转变关键。王弼、何晏、夏侯玄崇尚无为玄虚，均可为代表。前此汉代有时只讲黄老，至魏晋则盛言老庄，王弼著《周易注》，合老庄而称"三玄"。儒家研究的对象为人生问题，故所尚为利用厚生，不言本体。道家讲宇宙论，为形而上学，彼追问万物本源之究竟，以宇宙本体为道，又以道支配一切（老子说："道冲，而用之或不盈。渊乎似万物之宗。"），凡形容词如大小是非等物为相对的，唯宇宙本体为绝对的，故唯道唯"一"。战国之所谓"道"，亦即魏晋之所谓玄。又东汉之世，佛教东传，至魏晋佛经乃大量输入，初以其似道（东汉末《牟子理惑论》，见《弘明集》），甚至解佛者多以老庄比拟，如以涅槃比无为是。此代人物均崇尚自然，不重人为，对礼法嫉之若雠，行为颓废，而思想发达。至东晋佛法之最佳者传入，如法显入印度，斋佛典以归；慧远传净土宗；鸠摩罗什来译经甚多。此时代老佛之所以猖披者，一因自汉末以来，政治黑暗，社会不安，战争与乱离，胚胎出人的不安定情绪，在不安定中思安静之道，乃人之恒情，是以佛老之学遂应此需要而兴。二因在战乱的时代里，一切都在做剧烈的变动，兵凶战危不仅使人感到生死祸福的无常，而且又觉得道德学问权势的空幻不足恃，人心旁遑，罔知所适，故一遁而入于虚无玄哲之域，刍狗万物，良非偶然，老佛之学，乃应时而起。三因人之思想趋势是"常"，而魏晋以来的社会环境则处处表现"无常"，在无常的变动中，人之精神便无处寄托，因之也就产生喜怒无常和人生悲凉的感觉。如曹操的《短歌行》云："对酒当歌！人生几何？"便是此种精神的代表。人生既感到空虚无常，于是道家的道体和佛家的涅槃，乃给予人一种永恒的启示，在佛老里寻找"常"的温慰，是以佛老之学就风靡一时了。

老庄在宇宙论上肯定了一个抽象而普遍永存的"道"，"道"的本身是含摄着"有""无"两面的，这是《庄子·天下篇》批评老子的"建之以常无有"。在宇宙的一切变化上，无论由有入无，或由无入有，有无交替，都是"道"的作用之表现。有无继续，生灭不断，永远地生灭变化，便看出"道"的永久。但生灭本身之理是不生灭的，也就是道不生灭，道为永存的。由此肯定，却给魏晋人以大刺激，即在变化无常的人世中，犹有一个永恒有常的绝对真实之道体在。老聃的人生思想是由彼之宇宙论引申而来，如说："人法地，地法天，天法道。"故彼主张人生要虚静，但虚静的目的是体"道"，也就是人生在追求道体。如说："致虚极，守静笃，万物并作，吾以观其复。夫物芸芸，各归其根。归根曰静，静曰复命，复命曰常，知常曰明。不知常，妄作凶，知常容，容乃公，公乃王，王乃天，天乃道，道乃久，殁身不殆。"是说人的心境必须超越在现象界之上，归入虚静状态，才能够体会道体。因为在虚静状态里，可以含藏一切的"有"，即最高的智慧，也是由虚静的心境产生，所以是万物并作，复命为静动流行的常道，假若人能体会常道，即可以用虚静的心境去容纳一切，如是由虚静而容，由容而公，层层超越，以与道契合，如此则殁身不殆。庄周的人生精神，更彻底的是根本不谈政治，以为人生在体道（老子有时却运用道的作用，应用于处世及政治上），"道"在庄子看来，是相对中的绝对，故彼对反正一切，皆等量齐观，由反面可得正面，于是构成超得失、忘祸福、齐生死、忘人我是非的态度。《秋水篇》说："得而不喜，失而不忧，知分之无常也。生而不说，死而不祸，知终始之不可故也。"《齐物论》说："物无非彼，物无非是。"又说："方生方死，方死方生，方可方不可，方不可方可，因是因非，因非因是，是以圣人不由而照之于天。"这完全是超越到是非的上面，反转来以鸟瞰式的态度去观察得失，当然是等量齐观了。但如何能超出相对而站在相对的上面，在庄周看来，就必须求绝对的道体，而能与之相交通，《大宗师》说："彼方且与造物者为人，而游乎天地之一气。"《田子方》说："吾游心于物之初。"又说："夫天下也者，万物之所一也，得其所一而同焉……且万化而未始有极也，夫孰足以患心！"这是超过变化之流，将小己与道体合一，获得无待之境界，获得真正之自由。然而老庄以为道的具体表现是自然界。老子说："道法自然。"《宋书·宗炳传》说："炳好山水，爱远游。西涉荆巫，南登衡岳，因而结宇衡山，欲怀尚平之志。有疾还江陵，叹曰：'老疾俱至，名山恐难遍睹，唯当澄怀观道，卧以游之。'凡所游履，皆图之于室。""澄怀观道"，恰是晋宋人透过山水的永恒企图把握宇宙里最幽深玄远却又弥沦万象的生命本体之说明。可见在老庄的"人生在体道"的思想肯定里，引导而鼓励着人从人间社会归返到大自然。

《周易》的思想，乃表示宇宙万物变化永远不息的过程。

《恒卦》:"天地之道,恒,久不已也。"《序卦传》:"有天地,然后万物生焉。盈天地之间者惟万物,故受之以屯。屯者物之始生也……故受之以既济。(表示和谐)物不可穷也,故受之以未济(表示不和谐)终焉。"可见《周易》代表着一个由不和谐至和谐,由此和谐更至不和谐,而变化至较高和谐的宇宙生生不已的过程,它的变化原理,是"物极必反"。《周易·系辞下传》说:"穷则变,变则通,通则久。"宇宙不仅变化不息,并且生生不穷,有创造新东西的意味,故云:"生生之谓易。""天地感而万物化生。""天地相遇,品物咸章。"宇宙变化的价值所在,是以"时中为贵"的,惠栋说:"易道时中也。"由时中的原理引申到人生上,便是顺时而动静的思想,亦即"时止则止,时行则行,动静不失其时,其道光明"的人生态度。《豫卦》:"天地以顺动,故日月不过而四时不忒。圣人以顺动,则刑罚清而民服。"《革卦》:"汤武革命,顺乎天而应乎人。"《周易》的时中思想,是"邦无道则隐"的根据,《周易》的宇宙变化永久之肯定,是及时行乐和以片刻作永恒的理论的本源,隐逸所栖迟的领域不外田园山水,在乱离时代里寻求慰藉的地方,也只有清旷的大自然。可见在三玄思想的澎湃流行里,是重新发现了自然。

佛教输入中土,更增添了人的离俗胆气。因为印度人视世间为大幻,故云:"色(现象)即是空。"而永恒的东西,却在出世间寻求。他们追求永恒的方法,即不先肯定现世而后建立理想,却先解脱与超越现世与现象,而后升度到涅槃(即达到本体)。解脱的方法有二:一是修行解脱,其根据是现世人生是苦的，但去苦必先耐苦，这是释氏初学苦行的道理，也是解脱的方法。然而佛以专尚苦修是无法解脱的，故必求智慧解脱。佛的智慧是"诸行无常，诸法无我"，它是不受常住不变之理的限制的。"我"无论是人我、法我，都是从执而来，故必须加以破除，至"无我"的境地，才能认识诸行无常，始生智慧，才晓得现象界为不实在，方可解脱。如何知一切为无常呢？因万物皆从缘生（待条件而生），本身没有生之能力，它们是依他生的。它没有支持和维持自己的能力，故为无常。常之来，只是"相似相续"而已。由于相似相续，乃生执着；因之对任何物随有取舍爱憎苦乐的分别。但是乐是靠不住的，所取得之物，本身是无常，而人的要求是常，乃生矛盾。由无常而求常，是永远求不到的，故人生为苦。苦之源则在执着，苦又是乐的反面，若绝对的无苦，那即是乐。是以如果把部分的执着加以破除，而全体即在眼前，即智慧皆在眼前，获得无知的状态。无知即无所不知。举凡全部法界，一切无常，皆为此知所笼罩。是为真解脱。可见佛教思想启示的结果，一边是修行解脱，给予魏晋人以修道的毅力，一边是智慧解脱，助长着魏晋人的玄风。但是这二者却蕴蓄着一种一致的潜力，即把人从世间拖回到出世间，从社会拖回到大自然去。

文学是时代的反映，故文学思潮也是以时代精神作为中心的。世说注引《续晋阳秋》说："正始中，王弼何晏好庄老玄胜之谈，而世遂贵焉。至过江，佛理尤盛，故郭璞五言，始会合道家之言而韵之，（许）询及太原孙绰，转相祖尚，又加以三世之辞，而《诗》《骚》之体尽矣。"在诗体的变迁上，过江以前是《诗》

《骚》支配文坛的时代，过江至义熙的百有三年里，是归宗于老庄仙佛时期。但就在佛老思想的流行传递里，却使人回到自然，学习着大自然美的欣赏，孕育着山水诗的胚胎，尤其是道家哲学，以大自然为道的具体表现，和物我为一的欣赏态度（如《庄子·齐物论》："天地与我并生，而万物与我为一。"），更是一切的山水艺术创作的基础。

四、晋人的欣赏过程是不计目的的生活艺术型

庄老精神既然是揭发"本体"与"现象"的对立，《周易》思想是表现着"永恒"与"刹那"的相待相依，佛教的说法则进一步否定了现象世界的真实存在。所以熏陶在三玄与仙佛思想里的晋人，一方面就永恒上讲，肯定了人生的大幻，一方面就方便上说，"挈幻归真"地肯定了现在刹那的真实。就在刹那与永久的震撼激荡里，完成了晋人欣赏的唯美主义的生活艺术型。我们知道魏晋的玄学精神与老庄，二者也是微有不同的：玄学家是注重"无"与"自然"的，以为无与自然即道；而老庄本人乃以"无""自然"释道者。何晏说："夫道者，惟无所有者也。夏侯玄曰：天地以自然运。自然者，道也。"郭象《知北游注》"有先天地生者，物邪"说："谁得先物者乎哉？吾以阴阳为先物，而阴阳者，即所谓物耳。谁又先阴阳者乎？吾以自然为先之，而自

然即物之自尔耳。吾以至道为先之矣，而至道者，乃至无也，既以无矣，又奚为先？然则先物者谁乎哉？而犹有物，无已。明物之自然，非有使然也。"王弼注《周易·复卦》说："寂然至无，是其本矣。"何晏《论语集解》说："道者，无之称也。"可知"无"与"自然"，即玄学家之所谓"道"。老庄之"道"，为统摄无到有，隐到显，阴到阳，"有"生于"无"之过程，是相对中的绝对（太极）。玄学家的精神则在破因果：物为自然生，非有所生。其公式：万物—X—X（自然生）—造物—有—无。万物既然是自然生，那么对于"造物—有"的阶段是永远追不上去的。因此主张万物法自然，如此因其自如此，不能追问其为何如此。由是哲学之根据，乃生对宇宙万物欣赏的观念。所以在"永恒"与"根源"，"道"与"常"的可望而不可即的、不可把握的苦痛颤动里，一反动便是魏晋人的破因果，破除对宇宙万物追问其本源，就其目前现象，对其发生智慧之交感，而直接去体会万物自身的本相之作风，是以乃产生了他们的艺术之欣赏的态度。道家主张"道法自然"，为绝对体法自然；魏晋人不追问绝对体，以为自然万物本身即道。如此即如此。所以魏晋人谈玄论道的尽头，便构成了他们虚无欣赏唯美与艺术的人生观。此种人生观反映到他们的生活上，第一，他们生活的最高价值是寄托于美的过程的本身，不在于外求的目的，这是"无所为而为"的态度。《晋书·王徽之传》："尝居山阴，夜雪初霁，月色清朗，四望皓然；独酌酒，咏左思《招隐诗》，忽忆戴逵。逵时在剡，便夜乘小船诣之，经宿方至，造门，不前而返。人问其故，徽之曰：'本乘兴而来,兴尽而返,何必见安道邪?'"第二,是把玩"现在",在刹那的生活里而求极量的丰富和充实,不为着将来或过去而放弃现在的价值之体味与创造。《王徽之传》又说:"徽尝寄居空宅中,便令种竹。或问其故,徽之但啸咏,指竹曰:'何可一日无此君邪?'"这种寄兴趣于生活的过程本身,而不计目的态度,一边显示了晋人唯美生活的型,一边也表现了晋人的艺术欣赏的人生。在美的欣赏里,大自然是唯一的欣赏对象。《晋书·顾恺之传》:"人问以会稽山川之状,恺之云:'千岩竞秀,万壑争流,草木蒙笼,若云兴霞蔚。'"可见晋人是早已意识、体会、发现了大自然的美丽。王献之说:"从山阴道上行,山川自相映发,使人应接不暇,若秋冬之际,尤难为怀。"这更是外在的自然美与内作的深情之交融。王羲之《兰亭诗》说:"仰视碧天际,俯瞰渌水滨,寥阒无涯观,寓目理自陈,大矣造化工,万殊莫不均,群籁虽参差,适我无非新。"一方面显现着大自然的美感,另一方面泄露着晋人以新鲜、活泼、自由自在的精神领悟这世界,使一切呈现新的生命、新的灵魂。这真是晋人在艺术世界里独特的造诣,对万物欣赏观念发展的顶峰。王右军另有两句诗说:"争竞非吾事,静照在忘求。"晋人就在对大自然的静照欣赏里,完成了山水艺术的创造。

五、山水游好与隐逸风尚的流行

老庄精神是隐逸的根源：欣赏过程不计目的的生活艺术型，是游好山水的基础，佛教鼓励深栖岩壑的苦行修道，这更是从人间社会过渡到大自然的桥梁，异族的侵凌交奏着内部的战争与乱离，也是催迫着人生归向自然去的鞭笞，所以在山水游好与隐逸趣味的追求里，首先发现的是浙东的佳山水。《晋书·王羲之传》说："羲之雅好服食养性，不乐在京师。初渡浙江，便有终焉之志。会稽有佳山水，名士多居之，谢安未仕时亦居焉。孙绰、李充、许询、支遁等，皆以文义冠世，并筑室东土，与羲之同好。"又："羲之既去官，与东土人士尽山水之游，弋钓为娱。又与道士许迈共修服食，采药石不远千里，遍游东中诸郡，穷诸名山，泛沧海，叹曰：'我卒当以乐死。'"《许迈传》："父母既终，乃遣妇孙氏还家，遂携其同志，遍游名山焉。初采药于桐庐县之桓山，饵术涉三年，时欲断谷。"《孙统传》："家于会稽，性好山水，乃求为鄞令，转任吴宁，居职不留心碎务，纵意游肆，名山胜川，靡不穷究。"《孙绰传》："少与高阳许询俱有高尚之志，居于会稽，游放山水，十有余年，乃作《遂初赋》以致其意。"《谢安传》："寓居会稽，与王羲之及高阳许询、桑门支遁游处，出则渔弋山水，入则言咏属文，无处世意……有司奏安被召，历年不至，禁锢终身，遂栖迟东土。尝往临安山中，坐石室，临浚谷，悠然叹曰：'此去伯夷何远！'"《郭文传》："少爱山水，尚嘉遁，年十三，每游山林，弥旬忘反，父母终，服毕不娶，辞家游名山。……洛阳陷，乃步担入吴兴余杭大辟山中穷谷无人之地，倚木于树，苫覆其上而居焉，亦无壁障。"所以谢灵运与庐陵王义贞笺说："会境既丰山水，是以江左嘉遁，并多居之。"其次是庐衡荆巫诸山的遨游。《晋书·刘驎之传》："驎之少尚质素，虚退寡欲，不修仪操，人莫之知，好游山泽，志存遁逸，尝采药至衡山，深入忘反。"《宋书·宗少文传》："高祖辟炳为主簿，不起，问其故，答曰：'栖丘饮谷，三十余年。'高祖善其对。妙善琴书，精于言理，每游山水，往辄忘归。征西长史王敬弘每从之，未尝不弥日也。乃下入庐山，就释慧远考寻文义……衡阳王义季在荆州，亲至炳室，与之欢宴，命为咨议参军，不起。好山水，爱远游，西陟荆巫，南登衡岳，因而结宇衡山，欲怀尚平之志。有疾还江陵，叹曰：'老疾俱至，名山恐难遍睹，唯当澄怀观道，卧以游之。'凡所游履，皆图之于室。谓人曰：'抚琴动操，欲令众山皆响。'"《宋书·刘凝之传》："性好山水，一旦携妻子泛江湖，隐居衡山之阳，登高岭，绝人迹，为小屋居之，采药服食，妻子皆从其志。"《宋书·翟法赐传》："法赐隐迹庐山，于今四世，栖身幽岩，人罕见者。"《宋书·雷次宗传》："少入庐山，事沙门释慧远。隐退不交世务。与子侄书以言所守曰：'为性好闲，志栖物表，故虽在童稚之年，已怀远迹之意。暨于弱冠，遂托业庐山，逮事释和尚，爰有山水之好，悟言之欢。'"《宋书·周续之传》："入庐山，事沙门释慧远，时彭城刘遗民遁迹庐山，陶渊明亦不应征命，谓之寻阳三隐。"可见庐山与浙江的山水，实在是胚胎山水田园文学的两大圣地。谢灵运是山水诗的妙手，刻画着浙东佳山水的神态个性；陶靖节是山水田园诗的祖师，摄照下庐山大自然的风华清靡；宗少文是山水画的宗匠，绘图了庐衡荆巫的情韵丽姿。在隐逸的风尚里，伴奏着大自然的游好与陶醉，在大自然的游好陶醉里，却荡漾出田园山水诗的新体。

第三章 在大自然的歌咏里田园山水诗之分野

　　陶、谢是山水田园诗体的开山祖师。他们的对象题材虽同是自然，但一个是写照田园的圣美，另一个是刻画山水的神情风姿。在一般的所谓"陶谢山水"的阵营里，实在是各有他们新辟的天地，独自发现的领域。虽然在大自然的歌咏里，他们同样揭发着大自然的神丽和歌唱着大自然的美，但他们创作所凭借的基础不同，所以便有陶潜田园和谢客山水的分野与差异。

一、环境的基础

　　陶潜是陶大司马之后，不过至潜本身，家势零落，沦为田家。所以颜延之《陶征士诔》称其为"南岳幽居"。他虽然做过百日令，但因性刚才拙，与物多忤，终于还是归返田园。是以他的一生过着农夫的生活，在他实际生活的体验里，一方面领悟到田园的可爱，另一方面也在田园里看出了他的最高理想。诗是生活的反映,陶潜的田园生活,当然是他田园诗诞生的基础。谢灵运的家世与陶潜比较,两家相差悬殊。谢是晋车骑将军谢玄之孙,曾袭封康乐公(入宋降为康乐侯),他要求豪华的享受,传中称其"性奢豪,车服鲜丽,衣裳器物,多改旧制,世共宗之"。这种奢侈的环境,当然使他远离了田园农家。山泽之游,在他完全是一种冲动与豪兴。"凿山浚湖,功役无已,寻山陟岭,必造幽峻,岩障千重,莫不备尽,登蹑常着木履,上山则去前齿,下山去其后齿。"他的吟咏地多半是在永嘉。"出为永嘉太守,郡有名山水,灵运素所爱好,出守既不得志,遂肆意游遨,遍历诸县,动逾旬朔,民间听讼,不复关怀,所至辄为诗咏,以致其意焉。"在山水的游放里,不仅表示了他对不满意现实的反抗,而且于山水奇突浩瀚的雄姿里,也让他得到了精神的释放与安慰。是以高贵门第与奢侈的享受,遮掩了大自然的一面,那便是隔离着他对田园农家的了解和兴趣,而"谢平生于知游,栖清旷于山川",这才是他在大自然里所独辟的局面。因之,谢客山水的创造,便在如此的环境条件下生长和完成了。

二、哲学的基础

1.情与理的不同

人之禀赋是有阳、有阴、有刚、有柔的。《周易·系辞下传》

说："乾坤其易之门邪，乾，阳物也，坤，阴物也，阴阳合德而刚柔有体，以体天地之撰，以通神明之德。"可见宇宙的万物，也是天然地划成了两重领域：一重是阳刚，一重是阴柔。在人的禀赋上说，阳刚是情的代表，阴柔是理的象征。在事物的意义上说，山水是阳刚之美的表现，田园是阴柔之美的化身。在如此标准的衡量里，谢灵运属于阳刚的类型。是以他的生命完全象征着一股狂飙火热的情之冲动。《宋书·谢灵运传》中说："灵运为性褊激，多愆礼度，朝廷唯以文义处之，不以应实相许。自谓才能宜参权要，既不见知，常怀愤愤。"又说："少帝即位，权在大臣，灵运构扇异同，非毁执政，司徒徐羡之等患之，出为永嘉太守。"又说："既自以名辈才能应参时政，初被召，便以此自许；既至，文帝唯以文义见接，每侍上宴，谈赏而已。王昙首、王华、殷景仁等，名位素不逾之，并见任遇，灵运意不平。多称疾不朝直。"又说："太守孟顗事佛精恳，而为灵运所轻，尝谓顗曰：'得道应须慧业，丈人生天当在灵运前，成佛必在灵运后。'顗深恨此言。会稽东郭有回踵湖，灵运求决以为田，顗坚执不与。灵运既不得回踵，又求始宁岯嵊湖为田，顗又固执，灵运谓顗非存利民，正虑决湖多害生命，言论毁伤之，与顗遂构雠隙。"又说："司徒遣使随州从事郑望生收灵运，灵运执录望生，兴兵叛逸，遂有异志。"这都是感情激越与冲动的表露。他这种狂热的感情，燃烧着他的生命，因此，他虽然一方有智慧，一方有热情，但是最终还是感情压倒了智慧，那即是理不胜情。例如《庐陵王墓下作》说："延州协心许，楚老惜兰芳，解剑竟何及，抚坟徒自伤，平生疑若人，通蔽互相妨，理感深情恸，定非识所将。"这里所谓的"识"，是指理智流行的领域，在这一个情理混战的心理状态里，结果依旧是情胜于理。由"深情"的冲突矛盾所引起的痛苦，这才是灵运生命价值所在。陶潜的性格，则恰与灵运相反，他虽是性刚（详第一章），但在行事上却是出之以理智，故就方便说，他是属于阴柔这一类型的。他平生的行动，不是顺了感情的冲动，而是受理智的范围。《饮酒·其二十》说："但恨多谬误，君当恕醉人。"这是何等刚性的理智主义？于醉后犹能出语有度如此。可见理智控制着他的一切了。固然，在行事上有时也难免有情感激越的地方，但却能立刻化归到理智的领域里去，如《宋书·陶潜传》说："潜为彭泽令，素简贵，不私事上官，郡遣督邮至，县吏白应束带见之，潜叹曰：吾不能为五斗米折腰，拳拳事乡里小人邪！义熙二年，解印去县，乃赋《归去来》。"这次去官似乎是意气用事，感情冲动的结果，不过他旋即超越了情的范畴，在《归去来兮辞序》里说："于时风波未静，心惮远役，彭泽去家百里，公田之利，足以为酒。故便求之。及少日，眷然有归欤之情。……寻程氏妹丧于武昌，情在骏奔，自免去职。仲秋至冬，在官八十余日，因事顺心，命篇曰《归去来兮》。"他又把去官的原因，托词归结到妹丧上，这完全是理智的表现。是以陶澍说："先生之归，史言不肯折腰督邮，序言因妹丧自免。窃意先生何托而去，初假督邮都为名，至属文，又迁其说于妹丧以自晦耳。其实闵晋祚之将终，深知时不可为，思以岩栖谷隐，置身离乱之外，庶得全其后凋之节也。"《五柳先生传》："性嗜酒，家贫不能常得，亲旧知其如此，或置酒而招之，造饮辄尽，期在必醉，既醉而退，曾不吝情去留。"《宋书·陶潜传》又说："又不营生业，家务悉委之儿仆，未尝有喜愠之色。"这些都是理智主义的作风。在情与理的个性分别里，反映到大自然的爱好上也有彼此的差异。田塍的整齐划一，村落的轮廓规矩，是象征着条理秩序清晰明了的理智之美。峦峰的峥嵘、崔嵬，波涛的澎湃、浩荡，代表着奇伟磅礴、深厚邈远的情之翻腾。所以陶潜虽然常往来于庐山游观，置身于伟大、浩瀚、深远的气象里，但是他所发现与神契的境界还是在清明、无垠的田园。谢灵运虽然也有"敞南户以对远岭，辟东窗以瞩近田，田连冈而盈畴，岭枕水而通阡"（《山居赋》）的山水与田园之美的平行领悟，不过他的成就毕竟是在象征着深情幽趣山水的一边，田园的秩序，是何等地邈远？山水的雄姿，是多么地神丽？这显示着山水田园诗分野的基础。

2.动与静的差异

王羲之《兰亭序》说："夫人之相与，俯仰一世，或取诸怀抱，悟言一室之内，或因寄所托，放浪形骸之外，虽趣舍万殊，静躁不同，当其欣于所遇，暂得于己，快然自足，不知老之将至。"可见右军把人类分为两种类型：一是动，一是静。探本求源地说：情是动的根本，理是静的源泉，陶、谢秉赋既然有理情之分，表现在人生态度上也就有静动之别。《宋书·谢灵运传》："永嘉有名山水，灵运素所爱好，出守既不得志，遂肆意游遨，遍历诸县，动逾旬朔，民间听讼，不复关怀。"又说："穿池植援，种竹树堇，驱课公役，无复期度，出郭游行，或一日百六七十里，经旬不归，既无表闻，又不请急。"又说："灵运以疾东归，而游娱宴集，以夜继昼。"又说："尝自始宁南山，伐木开径，直至临海，从者数百人，临海太守王琇惊骇，谓为山贼，徐知是灵运乃安。又要琇更进，琇不肯，灵运赠琇诗曰：'邦君难地险，旅客易山行。'在会稽亦多徒众，惊动县邑。"又说："以为临川内史，在郡游放，不异永嘉。"又说："薛道双先与谢康乐共事以去，九月初道双因同村成国报钦云：先作临川郡，犯事徙送广州，谢给钱令买弓箭刀楯等物，使道双要合乡里健儿，于三江口篡取，谢若得志，如意之后，功劳是同。"可见灵运的一生代表了一个动力，是从内在的情之深处而出发的外向之冲动。譬如《游赤石进帆海》"溟涨无端倪，虚舟有超越"，是他的人格所在，在这广大窈冥无崖际终始的溟海里，他以心灵之虚舟是终究可以超越波涛浩瀚的层层苦难而飞渡大海，这种雄伟磅礴的气魄，是超越精神的峰峦，也是达到了"动之力"的极层，简直要征服自然了。又"仲连轻齐组，子牟眷魏阙"，是他的矛盾性格的自道，在性分动荡的急流里，含摄、呈露着彷徨不安定的灵魂。他身在野而心在朝，身在朝而心又在野，永远地对环境不满，但是在对现实的憎恶不满里，反而增添了情感的冲动与破坏的勇气，执着的感情，伴奏着外向的生命力之冲动，孕育了他的矛盾的性格，决定着他的辗转流离的行动，并且指示出他的弃市的归结。陶潜的性格，却没有这样的矛盾、冲动，生活态度是那么平静、安宁。《五柳先生传》说："闲静少言，不慕荣利。"

这种摆脱了感情的昏昧、浮动,以理智去体会一切,照射一切,正是他人生态度的恰当写照。例如《饮酒·其五》:"采菊东篱下,悠然见南山。山气日夕佳,飞鸟相与还。此中有真意,欲辨已忘言。"此为忘去小我与自然相融的境界之发现,这完全是"静者心妙",把自然看作与我平等的结果,绝没有灵运的欲征服自然、控制自然的狂妄。可知在动静性格的分野里,助长着他们对大自然某部分的特殊领悟与欣赏。因此在清丽静穆的田园里,陶潜找到了宁静性分的适合与慰藉,在奇突壮伟的山水里,灵运获得了冲突性格的解放与寄托。所以动静的不同,也奠定下山水田园诗的分野基础。

李元中《莲社图记》说:"远师结社庐山,……时陈郡谢灵运以才自负,少所推与,及来社中,见远师,心悦诚服,乃为开池种白莲,求预净社,远师以其心乱,拒而不纳。陶潜时弃官居栗里,每来社中,或时才至,便攒眉回去,远师爱之,欲留不可得。"故诗人有云:"陶令醉多招不得,谢公心乱去还来。"在慧远对陶、谢的喜爱拒留里,更可以看出他二人生命价值的所在,和对于山水(象征壮美)、田园(代表优美)所歌咏的不同之理了。

三、陶谢各自所继承的文学流派不同

魏晋人不仅在思想上像一颗嵌在长空深处的明星,永为后

人所仰望,而且在文学流派上,完成了两种相反的诗风典型,作为后人的典范了。第一,正始系诗风的开创。此期以王弼、何晏开风尚之始,其特点为崇玄。《晋书·王衍传》说:"魏正始中,何晏、王弼等祖述老庄立论,以为天地万物皆以无为本。无也者,开物成务,无往不存者也。"彼等主张有生于无,树立了玄理的基础。继之者有竹林七贤,以哲士而兼文人,此时文风,注重玄哲的内容,以各理入文,多高想远思。在形式上藻采不艳,笔法单多于复。在做人的态度上,因此代人喜欢追求宇宙绝对的本体,所以皆蔑视礼法,好饮酒,由刘伶的《酒德颂》可见。刘彦和的《文心雕龙·明诗篇》中说:"正始明道,诗杂仙心,何晏之徒,率多浮浅。唯嵇志清峻,阮旨遥深,故能标焉。若乃应璩《百一》,独立不惧,辞谲义贞,亦魏之遗直也。"《时序篇》说:"正始余风,篇体轻澹,而嵇阮应缪,并驰文路矣。"这都是对于正始玄哲诗风的评论。按南朝盛行太康系诗,故对何晏多诋毁词,正始诗人亦被估价贬值。钟记室《诗品》说:"降及建安,曹公父子,笃好斯文,平原兄弟,郁为文栋……彬彬之盛,大备于时矣。尔后陵迟衰微,迄于有晋。"钟记室竟把正始时代视为文章陵迟衰微的时代了。第二,太康系诗风的独辟。按三国时文人多在魏,因有曹氏三祖故。蜀以先主与孔明均法家,故文风不盛。吴之文学至亡国时特炽,如陆机陆云虽出自将家,但官为当时之大文豪。晋武帝平吴后,置陆氏兄弟于洛都,因而此时洛阳文风盛极。有三张二陆两潘一左,集南北文学之大观。然此时在文学上发生一特殊现象,那便是太康虽与正始相接,但太康文人却不解玄。《晋书·陆云传》说："初，云尝行，逗宿故人家，夜暗迷路，莫知所从。忽望草中有火光，于是趣之。至一家，便寄宿，见一年少，美风姿，共谈老子，辞致深远，向晓辞去。行十许里至故人家，云：'此数十里中无人居。'云意始悟，却寻昨宿处，乃王弼冢。云本无玄学，自此谈老殊进。"由此故事知此时文士风气大盛，玄者造谣抵抗耳。文尚书情，如潘安仁悼亡诗，千古绝妙。在形式上文主辞采，《晋书·潘岳传》说："岳美姿仪，辞藻绝丽。"《晋书·陆机传》说："机天才秀逸，辞藻宏丽，张华尝谓之曰：'人之为文，常恨才少，而子更患其多。'弟云尝与书曰：'君苗见兄文，辄欲焚其笔砚。'后葛洪著书，称机'文犹玄圃之积玉，无非夜光焉，五河之吐流，泉源如一焉，其弘丽妍赡，英锐漂逸，亦一代之绝乎'。"《晋书·左思传》说"（思）辞藻壮丽"可证。若太冲以十年之力成《三都赋》，更见时代尚雕琢辞采之风。此时散文由单入复，是以为诗乃主偶句。《文心雕龙·明诗篇》说："晋世群才，稍入轻绮。张潘左陆，比肩诗衢，采缛于正始，力柔于建安；或析文以为妙，或流靡以自妍，此其大略也。"钟记室（钟嵘）《诗品·总论》说："尔后陵迟衰微，迄于有晋，太康中，三张、二陆、两潘、一左，勃尔复兴，踵武前王，风流未沫，亦文章之中兴也。"《文心雕龙·时序篇》说："晋虽不文，人才实盛，茂先摇笔而散珠，太冲动墨而横锦，岳湛曜联璧之华，机云标二俊之采，应傅三张之徒，孙挚成公之属，并结藻清英，流韵绮靡。"《宋书·谢灵运传论》说："降及元康，潘陆特秀，律异班贾，体变曹王，缛旨星稠，繁文绮合，缀平台之逸响，采南皮之高韵，遗风余烈，事极江左。"这是对于崇尚辞采繁缛的太康系诗风的叙述。正始与太康两系诗风的分别，一为质家，一为文家，也可以说是内容与形式着重点的差异。正始系注重内容的丰富，忽视形式的整齐，所以对文学的主张是"言尚易了，文憎过意"。太康系忽略内容，特重形式，所以主张文学"雕藻淫艳，非对不发"。《南齐·文学传论》说："文人谈士，罕或兼工，非唯识有不周，道实相妨，谈家所习，理胜其辞，就此求文，终然翳夺，故兼之者鲜矣。"恰好是正始与太康两系诗风不同的说明。正始是谈士的时代，太康是文人的时期。但是晋自南渡以后，太康系的诗风中断，正始系的诗风复兴。《宋书·谢灵运传论》说："有晋中兴，玄风独扇，为学穷于柱下，博物止乎七篇，驰骋文辞，义殚乎此。自建武暨于义熙，历载将百，虽缀响联辞，波属云委，莫不寄言上德，托意玄珠，遒丽之辞，无闻焉尔。"《南齐书·文学传论》说："江左风味，盛道家之言，郭璞举其灵变，许询极其名理，仲文玄气，犹不尽除，谢混清新，得名未盛。"《文心雕龙·明诗篇》说："江左篇制，溺乎玄风，嗤笑徇务之志，崇盛亡机之谈。袁孙已下，虽各有雕采，而辞趣一揆，莫与争雄，所以景纯仙篇，挺拔而为俊矣。"又《时序篇》说："自中朝贵玄，江左称盛，因谈余气，流成文体。是以世极迍邅，而辞意夷泰，诗必柱下之旨归，赋乃漆园之义疏。"《诗品·总论》也说："永嘉时，贵黄老，稍尚虚谈，于时篇什，理过其辞，淡乎寡味，爰及江表，微波尚传，孙绰许询桓庾诸公诗，皆平典似道德论，建安风力尽矣。"可见自过江以后，正始系诗风复兴了。《晋书·衡玠传》："王敦见卫玠谓长史谢鲲曰:'昔王辅嗣吐金声于中朝,此子复玉振于江表,微言之绪,绝而复续,不意永嘉之末,复闻正始之音。'"《日知录·卷十三·正始》:"沙门支遁以清谈著名,于时莫不崇敬,以为'造微之功,足参诸正始'。"这一方面指明了江左的玄风复振,另一方面也表示了乱离时代的人对正始清言的企慕与向往,所以文学思潮的变迁,当然也符合当时的时代风尚,忽视了形式的雕琢,而植根于朴质的玄理中去了。陶潜便是这时期最伟大的诗人代表,而且过江后的正始之风也是至陶而尽的。降及宋初元嘉,太康系诗风复盛,谢灵运是复兴太康系的功臣,所以《诗品·总论》说:"先是郭景纯用俊上之才,变创其体,刘越石仗清刚之气,赞成厥美,然彼众我寡,未能动俗,逮义熙中,谢益寿斐然继作,元嘉中有谢灵运才高词盛,富艳难踪,固已含跨刘郭,凌轹潘左。故知陈思为建安之杰,公干仲宣为辅,陆机为太康之英,安仁景阳为辅,谢客为元嘉之雄,颜延年为辅,斯皆五言之冠冕,文词之命世也。"《文心雕龙·时序篇》说:"自宋武爱文,文帝彬雅,秉文之德,孝武多才,英采云构。……尔其缙绅之林,霞蔚而飙起,王袁联宗以龙章,颜谢重叶以凤采。"《谢灵运传论》说:"仲文始革孙许之风,叔源大变太元之气,爰逮宋氏,颜谢腾声,灵运之兴会标举,延年之体裁明密,并方轨前秀,垂范后昆。"《颜延之传》说:"延之与陈郡谢灵运,俱以词彩齐名,自潘岳陆机之后,文士莫及也。江左称颜谢焉。"《南齐书·文学传论》说:"颜谢并起,乃各擅奇。"可见谢灵运是元嘉之雄,也是发扬和光大太康系诗风的钜子,所以《文心雕龙·明诗篇》说:"宋初文咏,体有因革,庄老告退,而山水方滋。俪采百字之偶,争价一句方奇,情必极貌以写物,辞必穷力而追新。"他也是继承太康系诗艺术的唯一人了。至于陶潜的诗文却与此相反,北齐阳休之《陶集序录》曰:"余览陶潜之文,辞采虽未优,而往往有奇绝异语,放逸之致,栖托仍高。"在南北朝盛行太康系诗风的时候,所谓"辞采未优",正衬托出正始系诗风的面目与重点所在。钟嵘《诗品》列陶诗入中品,也是因为派别不同的缘故。就在陶谢所承受的文学传统的差异里,却做了田园和山水诗分野的基础。正始系诗风的玄哲的探讨,托意的邈远,文字的白描,符合于田园的清明、空旷;太康系诗风的雕章琢句,文尚辞采,哲理的遗弃,符合于山水的峥嵘、浩瀚。一边是象征着理智的线条,一边是象征着情感的意蕴;一边是理性的透视,一边是直觉的获得;一边是宇宙情趣的和谐、宁静,一边是宇宙生命的激荡、翻腾……在这两种诗风的对映交辉里,是发现了同在大自然的歌咏里,"正始田园"与"太康山水"的分野所在。

第四章 陶潜的生平及其生活

第一节 陶潜的生平

一、所谓聚讼纷纭的陶潜之行年问题

（一）年龄问题

陶潜卒于刘宋文帝元嘉四年丁卯（公元427年），在颜延之《陶征士诔》、《宋书·隐逸传·本传》、萧统《陶渊明传》、《南史·隐逸传·本传》、《莲社高贤传》里所载悉同（《晋书·隐逸传·本传》作"以宋元嘉中卒"，此元嘉中想必指元嘉四年），也与他自祭文"岁惟丁卯，……陶子将辞逆旅之馆，永归于本宅"的纪年吻合。这是一致公认的定论。他的年寿就传统的说法是六十三岁。自元嘉四年上推六十三年是晋哀帝兴宁三年乙丑（公元365年），这即是他的生年。《宋传》《萧传》《晋传》均如此主张。唯《南传》不载寿年，《颜诔》虽有春秋六十有三之语，但文选载《颜诔》则作春秋若干。因此引起了后人的怀疑，产生了各

家的聚讼、异辞：第一，赵宋蜀人张縯首反旧说，彼云："先生辛丑《游斜川》：诗言'开岁倏五十'，若以诗为正，则先生生于壬子岁（晋穆帝永和八年，即公元352年）。自壬子至辛丑为年五十，迄丁卯考终，是得年七十六。"（见李公焕《笺注陶渊明集》）。余姚黄璋（宗羲玄孙）著辨数则，力主季长以生壬子为是。第二，近人梁启超作《陶渊明年谱》，主张渊明寿不及六十，并根据《辛丑岁七月赴假还江陵夜行涂口》及《游斜川》二诗中之岁数甲子，定渊明卒年为五十六岁。其生年为壬申（晋简文帝咸安二年，公元372年）。第三，古直继踵任公，订正其误，以渊明卒年为五十二岁，其生年为丙子（晋孝武帝太元元年，公元376年）。第四，逯钦立的《陶渊明行年简考》，更创五十一岁之说，其生年为丁丑（晋孝武帝太元二年，公元377年）（见《读书通讯》第五十期）。综上诸说，仍以旧说的"真实性"与"可能性"为最大。若张縯之说，一望而知荒唐。其余三说虽所主张的陶潜的年寿岁数各不相同，而其断定潜之卒年不过六十岁则一。新奇易惑，故不可不辨。

陶潜在当时功业上并不是了不起的人物，他的发展方向是在精神自由之领域，颜延之称之为"南岳幽居"，因此也不为当时的现实人物所注意（纵然有注意他的，也是以幽人、隐士目之），故而关于印证他年谱的资料，非常贫乏，不得已，只有求之于他自己的诗文。不过，要注意的是选择他诗文材料的问题（包括版本上的异文）。假若选择的材料不是绝对真实可靠的话（即是说所引的诗文有版本上的异文），以之作为陶潜年龄推算的根据，那么所得的结果一定是可笑与荒谬的。这犹之乎在沙滩上盖房子，既无坚固的建筑基础，也就难免有徒劳无功的结局。张缜诸人的说法，正是陷入了这种错误。他们以《陶集》中有异文的纪年之诗文，作为推算陶潜年谱的证据，其结论的离奇，自然是无容卜筮了。不信，看陶潜自己的话吧！

《戊申岁六月中遇火诗》说："……总发抱孤介，奄出四十年，形迹凭化往，灵府长独闲……"按戊申是晋安帝义熙四年（公元408年），从"奄出四十年"一语里，我可以断定陶潜是年最少有四十一岁。戊申既然是四十一，那么上溯生年是晋帝奕太和三年戊辰（公元368年），下推卒年丁卯（公元427年）得年六十岁。这是根据他自己诗纪年所推断出来的结果（注意，这诗的"戊申岁""奄出四十年"，是没有版本上的异文的），在断定陶潜的年龄上，真是不可推翻的铁案。所以说在此"铁案"与梁任公诸人所主张的陶潜年寿不过六十岁的对映比照里，显得任公诸说是如何谬妄，在"戊申岁"与"奄出四十年"的配合推算里，觉得张缜之主张是多么滑稽，假若"奄出四十年"的"出"字是指的出两年，或出三年四年的话，陶潜的卒年不也就是六十一、六十二、六十三岁了吗？所以说陶潜的寿年最少有六十岁，传统的六十三岁的旧说，是有极大可能的。现在进一步驳斥张缜诸人的说法与论证：

1.辨陶潜寿年为七十六岁之错误　张缜根据辛丑（公元401年）《游斜川》"开岁倏五十"一语，推定陶潜高寿七十六岁，殊为错误。第一，按"辛丑"，汤东涧本云一作"辛酉"，"五十"汤本作"五日",各本互有异文,自不能据以为证。第二,陶澍《靖节先生年谱考异》力辟其妄云:"若以先生为生于壬子,则集中'是时向立年'等句合之时事,皆不可通。近见余姚黄璋著辨数则,力主季长以生壬子为是。然既据《饮酒》诗'投耒去学仕''是时向立年'之句,谓先生为州祭酒,时年二十九,不思诗固又云:'冉冉星气流,亭亭复一纪,世路廓悠悠,杨朱所以止。'是先生之止,止于四十也。若生壬子,则二十九为州祭酒,岁当庚辰,少日自解去,中间州科主簿不就,并未仕也,何待历十余年,至四十始赋止,且既止矣,何又历十余年,至五十,复出为参军乎?惟生乙丑?至彭泽解绶,正四十一岁。"故此七十六岁之说不能成立。

2. 辨陶潜寿年为五十六岁之谬误　五十六岁之说,梁启超主之,梁氏《陶渊明年谱》罗列了《陶渊明集》中自述年纪之语句凡十二处:如"俚俛六九年"(《怨诗楚调示庞主簿邓治中》),"吾年过五十"(《与子俨等疏》),"早终非命促"(《挽歌诗》),"年在中身"(《颜诔》),梁氏据此以为《陶渊明集》未道及六十岁以后事,可证潜卒年不满六十。这显然是谬误。何以未道及六十以后事,便谓陶潜卒年不过六十?这两者中间,实在没有因果的必然关系!按年寿自年寿,诗文自诗文,纪事自纪事,何能混为一谈,更不能以某人诗文里无某年纪事,便谓某人于是年死亡。其次又引辛丑《游斜川》"开岁倏五十",《辛丑岁七月赴假还江陵夜行涂口》"闲居三十载"……按《游斜川》"辛丑"一作"辛酉","五十"一作"五日",前面已经说过,这自然不能作为考据的证据。梁氏为符合其推算的准确,把这异文的"辛丑"硬作"辛酉","五日"硬作"五十",殊为牵强不稽。至《辛丑岁七月赴假还江陵夜行涂口》"闲居三十载"云云,依梁氏《陶渊明年谱》于戊戌(公元398年)己亥(公元399年)二十七八岁时即为镇军参军,则辛丑"闲居三十载"的话,更不能成立。又梁氏《陶渊明年谱》云:

> 先生作彭泽令,旋复弃官,实义熙元年乙巳事,年月俱见《归去来兮辞序》,时先生三十四也。《饮酒》诗云:"是时向立年,意志多所耻,遂尽介然分,终死(一作拂衣)归田里",即叙此事。若先生得年六十三,则彼时已逾四十,不应云立年也。
>
> 义熙七年辛亥,先生四十岁。《祭从弟敬远文》有"年甫过立"语。知敬远卒时仅三十余。

由前引梁氏《陶渊明年谱》假定敬远三十余岁时,其根据为"年甫过立",又断定陶潜三十四岁,如何又谓之"是时向立年"?对"向立"之年的任意曲解,迹近削足适履,出尔反尔,此非滑稽之论?可见就梁氏《陶渊明年谱》的自身而书,亦多扞格矛盾处,故彼五十六岁之说不能成立。

3.辨陶潜寿年为五十二岁之谬误 五十二岁之说,古直主之。在彼《陶靖节年谱》里,其自证一云:

> 《祭从弟敬远文》云:"相及龆龀,并罹偏咎。"先生与敬远年龄之差数,即于相及龆龀一语定之。《说文》:"男八岁而龀,及龀则

未龀，止七岁耳。龆，童子发也。"证以《祭程氏妹文》，则先生罹偏
咎时，年止十二，十二正龆年也，详此知先生与敬远年龄之差，仅为五
岁，敬远卒于辛亥，年甫过立……为三十一岁，先生长敬远五岁，则为三
十六岁矣。由辛亥三十六岁，上溯生年为太元丙子，下推卒年丁卯，得五
十二岁。

　　在前引所谓《古谱》自证里，很明显地看出了两点错误：
第一，"相及龆龀"一语，如何可以代表二人之确实年龄？《说
文》"男八岁而龀"，固然可以给古氏以穿凿附会的好凭借，但是
"龆"字明明释作"童子发"，何以说"十二正龆年"呢？（彼证
以《祭程氏妹文》，则先生罹偏咎时，年止十二，是未读通《祭程
氏妹文》与《祭从弟敬远文》二文，说详后。）岂十一以前、十三
以后无童子发欤？第二，《祭程氏妹文》说："慈妣早世，时尚孺
婴，我年二六，尔才九龄。"慈妣，李公焕注是庶母，可见陶潜这一
次是丁庶母的忧。"年二六"，"九龄"是陶潜与其程氏妹的年岁
之差别。又《祭从弟敬远文》说："相及龆龀，并罹偏咎。"李公焕
注"偏咎"说："靖节年三十七，母孟氏卒，是偏咎为失怙也。"可见
陶潜这一次的偏咎，是丁父忧的。所以"慈妣早世"，与"并罹偏
咎"根本指的是两件事，绝不能混为一谈。更不能说"证以《祭
程氏妹文》，则先生罹偏咎时，年止十二"。以《祭程氏妹文》所
载的陶潜年龄（慈妣早世时的年龄）去证明《祭从弟敬远文》所
载的陶潜的年龄（失怙时的年龄），这简直近于胡说。"相及龆
龀"是陶潜与敬远的年龄比较的差则状态，以之皮传"我年二

六"的陶潜与其程氏妹比较差别时之年龄，更是穿凿计穷的无理取闹了。所以陶澍说："先生《祭从弟敬远文》曰：'相及龆龀，并罹偏咎。'汤东涧注：龆与龀义同，毁齿也。《家语》曰：'男子八岁而龀。靖节年三十七，母孟氏卒，是偏咎为失怙也。'按颜延之《陶征士诔》有'家贫母老，捧檄致亲'云云，则以偏咎为失怙良是。唯龆乃髫之俗字。《玉篇》有'髫，小儿发'，俗作龆，不与龀通。则先生失怙，不定在八岁时。"又说："颜延之《陶征士诔》云：'母老子幼，就养勤匮，远惟田生致亲之义，追悟毛子捧檄之怀。'似为州祭酒以后，母夫人尚在，若十二岁即失母，无所为田生毛子云云也。延之与先生同时，宜所审知。及考汤东涧注：祭妹文以慈妣为庶母，于昔在江陵，重罹天罚，注云：晋安帝隆安五年秋七月，赴江陵假还。是冬母夫人孟氏卒，于是积年之疑始释。然慈妣早世者，盖程氏妹之生母，而先生之庶母也。"证以陶澍之语，愈见古氏之寡陋。按陶潜十二岁丧庶母，丧父时或在十二岁前。故《命子》诗云："于皇仁考……嗟余寡陋，瞻望弗及。"若十二岁丁父忧，胡得云弗及乎？古氏不察及此，皮传失真，曲为解释，试想以此荒谬之假定根据，其所推得之结论，又哪能不荒谬呢？又其自证二曰：

《归园田居诗》云："误落尘网中，一去三十年。"此诗虽不明纪甲子，然去官归田在义熙元年乙巳，著于《归去来兮辞》，则乙巳先生正三十无疑也。乙巳三十，上溯生年适为丙子。下推卒年得五十二岁。

按王雪山《栗里谱》云："君年三十，有《归园田居诗》曰：误落尘网中，一去三十年。"古氏即采王说。然陶澍曾辟王谱之失云："按景文之意，以堕地为尘网，故系此诗于年三十，说近释氏，先生胸中无此尘网，当以仕途言之。刘坦之曰：一去三十年，三当作踰，或在十字下。何燕泉曰：太元十八年，靖节起为州祭酒，时年二十九（何定是年为二十九，殊犯胶执病，说详后），正合《饮酒》诗'投耒去学仕''是时向立年'之句。以此推之，至彭泽退归，才十三年，此云三十年误矣。"其考据良是。且诗云："少无适俗韵，性本爱丘山，误落尘网中，一去三十年，羁鸟恋旧林，池鱼思故渊，开荒南野际，守拙归园田……久在樊笼里，复得返自然。"若以堕地为尘网，则上下文义俱不连贯，此所谓断章取义，不足为证。即退一万步说，如古氏之意乃谓陶潜倦游息驾归园田时，已届三十，亦殊不知此诗有"榆柳荫后檐，桃李罗堂前"之句，显系春日之作，又按陶潜弃官在冬（见《归去来兮辞序》），则此《归园田居诗》之作，至早是次年，如何谓此诗作年即弃官之年呢？又《古谱》自证三曰：

《饮酒》诗第十六首云："行行向不惑"，第十九首云："畴昔苦长饥，投耒去学仕……是时向立年，志意多所耻，遂尽介然分，拂衣归田里，冉冉星气流，亭亭复一纪。"案"行行向不惑"，为先生作《饮酒》诗之年，"是时向立年"，为先生投耒之年，然投耒果在何年乎？考《癸卯岁始春怀古田舍》诗首章云："在昔闻南亩，当年竟未践"，则癸卯之前，尚未秉耒。第二章云："秉耒欢时务，解颜劝农人"，则秉耒之事，实始癸卯。又考先生有《乙巳岁三月为建威参军使都经钱溪》诗，则其投耒必在乙巳之前矣。癸卯之后，乙巳之前，则甲辰也。先生乙巳归田为三十岁，则甲辰为二十九岁，正当向立。三十归田之岁，至向不惑之岁，正为一纪。

按古说非是。

第一，彼滞解"投耒去学仕"一语。所谓投耒去学仕者，并非真正的先躬耕陇亩，而后弃耒耜而登朝之谓，乃是弃田园而游宦之通说，证之史传更合。《宋书·陶潜传》说："亲老家贫，起为州祭酒，不堪吏职，少日自解归，州召主簿，不就，躬耕自资，遂抱羸疾。"（《宋书》《萧传》《晋书》《南史》均同）。可见陶潜的躬耕自资，是往辞州主簿之后了。为州祭酒前，实未躬耕，何能执着于"投耒"后始去"学仕"呢？所以陶澍说："癸卯怀古田舍，乃曰在昔闻南亩，当年竟未践，岂前此所谓躬耕，不过隐于陇亩之辞，实未尝沾体涂足耶。"其论良是。其次，又证之以诗文。陶集中有《庚子岁（癸卯前三年）五月中从都还阻风于规林》诗曰："静念园林好，人间良可辞。"《辛丑岁（癸卯前二年）七月赴假还江陵夜行涂口》诗曰："投冠旋旧墟，不为好爵萦。"足证陶潜在癸卯前两三年已由仕宦而至厌倦，哪里是在癸卯次一年的甲辰始投耒学仕呢？

第二，彼断章取义，曲解文义。查《饮酒》诗第十九首云："畴昔苦长饥，投耒去学仕，将养不得节，冻馁固缠己，是时向立年，志意多所耻，遂尽介然分，拂衣归田里，冉冉星气流，亭亭复一纪，世路廓悠悠，杨朱所以止。虽无挥金事，浊酒聊可恃。"何孟春注说：

"陶公以癸巳为州祭酒，是而立年也。庚子参镇军事，乙巳参建威军，为彭泽令，而归，距癸巳年，正当一纪（十二年为一纪）。此诗正此时作。"由此可以暗示了一种线索去了解此诗："畴昔苦长饥，投耒去学仕，……是时向立年"，这是《宋书·陶潜传》所谓"亲老家贫，起为州祭酒""志意多所耻，拂衣归田里"，这是《宋书·陶潜传》所谓"不堪吏职，少日自解归"。"亭亭复一纪，杨朱所以止"，此次之"止"，那即是乙巳岁冬赋《归去来兮辞》之"止"了。因为假如如古氏所说的"是时向立年，如先生投耒之年，定为甲辰岁；乙巳归田，即所谓拂衣归田里，定先生时年三十岁"，则《饮酒》诗在陶潜自我叙述的仕宦行止之时间上，便矛盾扞格，百解不通了。

（一）古氏既定，拂衣归田里即乙巳岁彭泽解绶事，是陶潜已抱着"人间良可辞"的决心而赋止了，既赋止矣（由史传上看，陶潜于彭泽令后，始终没有再离田园去宦游），何以又在"亭亭一纪"之后，"行行向不惑"之年更赋"止"呢？（由"世路廓悠悠，杨朱所以止"之句可见。）（二）《饮酒》诗第十九首明明说陶潜自"向立年"出去学仕（按初仕为州祭酒），旋即拂衣归里，由经一纪十二年，始赋"止"而归隐陇亩（即彭泽解绶事）。而古氏却断章取义地去曲解拂衣归里即乙巳归田，试问古氏任己意去提前结束了陶潜的政治生命，那么亭亭一纪后的杨朱所以止的"止"应作何释？岂古氏于《饮酒》诗犹未读通欤？

第三，古氏定陶潜癸卯始秉耒，甲辰投耒学仕，乙巳归里。陶潜一生的仕宦时间共有两年，这不是荒唐的怪论吗？看庚子岁前的始做镇军参军，《庚子岁五月中从都还阻风于规林》《辛丑岁七月赴假还江陵夜行涂口》都是陶潜癸卯前仕宦的好例证。这不仅证明古氏对"投耒学仕"一句滞解的妄诞，并且摧毁了彼之全部论证。

第四，古氏云"三十归田之岁，至向不惑之岁，正为一纪"。这显是牵强的瞎说。按吴瞻泰注说："《国语》：'蓄力一纪。'韦昭曰：'一十二年岁星一周为一纪。'"是古氏连一纪十二年的解说都没有见了。

第五，按投耒学仕，向立多耻，尽分归田，原为初做州祭酒至解归的一年中事，而古氏竟以向立多耻置诸投耒学仕之时（甲辰岁），尽分归田系于彭泽弃官从好之际（乙巳岁），是将一年中事强系于两年中了。因而产生了他的妄诞穿凿的谬论。试想向立多耻，如为投耒学仕时之心情，则不了解陶潜甚矣。苏东坡说："孔子不取微生高，孟子不取于陵仲子，恶其不情也。渊明欲仕则仕，不以求之为嫌，欲隐则隐，不以去之为高，饥则扣门而乞食，饱则鸡黍以延客。古今贤之，贵其真也。"

由此观之，陶潜于投耒学仕之时，有何所耻呢？耻则不仕，既仕矣，叫无所耻，此东坡之所谓"贵其真也"。古氏以伪君子之眼光视渊明，以向立多耻事置诸投耒学仕之时，亦云陋矣。此逯钦立评其"于情于理，均不可通"者也。

最后，我还可以提出一个证据来，《怨诗楚调示庞主簿邓治中》说："结发念善事，僶俛六九年。"这时陶潜明明说自己是五十四岁了。与五十二岁之说不合，根据以上的驳斥，足证《古谱》五十二岁之说不能成立。虽然古氏曾为弥缝彼之谬妄起见，大胆地改《辛丑岁七月赴假还江陵夜行涂口》"闲居三十载"的"三"字为"二"字,《游斜川》"辛丑"为"乙丑"。像如此无理地臆改集中原文,更证明他浅识薄见,黔驴技穷,徒为方家所笑。

4. 辨陶潜寿年为五十一岁之谬误 逯钦立君根据梁古二氏陶潜年寿不过六十岁之意见,复参照《梁谱》,抄袭《古谱》之论证而更附会穿凿之,去《古谱》一岁而主五十一岁之说,本无发明与创见,仅为古氏之附庸,《古谱》既不能成立,此说当无一驳之价值。唯不能举其穿凿皮传之论证,以见逯君说之愈加荒谬焉。逯君在《陶渊明行年简考》里,第一步证明渊明不为六十三岁说:"《陶渊明集》中《与子俨等疏》云:'天地赋命,生必有死,自古圣贤,孰能独免……吾年过五十,少而贫苦,每以家弊,东西游走……疾患以来,渐就衰损……自恐大分将有限也。'又《自祭文》云:'岁惟丁卯……陶子将辞逆旅之馆,永归于本宅……识运知命,畴能罔眷,余今斯化,可以无憾……'又《挽歌》云:'有生必有死,早终非命促。'三文皆告终之作。而其中如曰年过五十,如曰识运知命,如曰早终,昔为渊明寿年仅五十岁之证。"

这是多么谬妄的论证。

第一,按《与子俨等疏》"吾年过五十"一段,《宋书·陶潜传》作"吾年过五十,而穷苦荼毒。家贫弊,东西游走"。(《南史·陶潜传》亦同)。这分明是陶潜自叙在五十多岁的时候,尚为穷困饥寒所迫,而东西游走。证之以陶潜《乞食诗》中"饥来驱我去,不知竟何之,行行至斯里,叩门拙言辞"的情况正相应。又按儒家的王道理想:"五亩之宅,树之以桑,五十者可以衣帛矣。"今陶潜年过五十，不但不能衣帛，而且因为穷苦荼毒，家贫弊，又不得不东西游走。这是他一方面感伤生非其时，另一方面也是对子俨等诉苦般的"训诫"。所以他又说："性刚才拙，与物多忤。自量为己，必贻俗患。僶俛辞世，使汝等幼而饥寒耳。"这是他不能随俗浮沉的生平志向表白。下面接着便是："日月遂往，机巧好疏……疾患以来，渐就衰损，……自恐大分将有限也。"可见在"吾年过五十"与"自恐大分将有限"的时日的中间，隔绝着一个漫长的"日月遂往"的时间之距离。这二者根本没有什么不可分离的关系。而逯君却断章取义，硬将"年过五十"去皮传"自恐大分有限"的时间，是因逯君尚未读通《宋书·陶潜传》。

第二，以"识运知命"作为陶潜寿年五十一岁之证，更是荒唐。按"知命"与"识运"的文法相同，"知"与"识"相对，"命"与"运"相对，故此"命"决非"五十而知天命"之"命"，而是命运之"命"，显而易见，当不容诡辩。试问逯君假如"知命"是代表"五十"岁，那么"识运"是代表几岁？这不是望文生义的附会吗？真是穿凿到莫明其妙了。况且《自祭文》也说"寿涉百龄，身慕肥遁，从老得终，奚所复恋"。这是五十岁人的语气吗？五十岁何以称"老"呢？（按古者七十曰老。）

第三，"早终"二字亦不能证明陶潜是五十岁。按"早"（幼）与"晚"（老）是相对的名词，它们的内涵也是相对的，而非绝对的。所以此以为早，而彼以为晚，此以为晚，而彼又以为早，早晚根本没有衡量的一定标准。庄子《逍遥游》说得好："适莽苍者，三餐而反，腹犹果然；适百里者，宿舂粮；适千里者，三月聚粮。……小知不及大知，小年不及大年。奚以知其然也？朝菌不知晦朔，蕙蛄不知春秋，此小年也。楚之南有冥灵者，以五百岁为春，五百岁为秋。上古有大椿者，以八千岁为春，八千岁为秋。此大年也。而彭祖乃今以久特闻。众人匹之，不亦悲乎！"由此推之，可见陶潜之所谓早终，不一定是逯君所想象的早终，哪能以"早终"证明是五十岁呢？六十多岁又何尝不可以算是早终？因为小孩与成年人对数目字的观念是根本不相同的。"五十"以后的数目，在小孩子看来是何等地伟大？在成年人看来，那又算得了什么，所以逯君可以有五十为早终，六十为晚终的假定，但是就"纵浪大化中，不喜亦不惧"的哲人陶潜的观点看来，六十多岁与万古一飞鸿的悠久时光系统相比较，那真是短促得可怜了。（魏晋人的生命情调往往如此，可参考王右军《兰亭序》。）是以六十多岁便到了生命尽头的陶潜，自己慨生命之无常，又哪能不可以说是"早终"呢？其次，就文字的板滞的意义上来说，早终的反面是老终，按老古者"七十曰老"（见《说文》及《礼记·曲礼注》等）。陶潜的寿年在史传上明载是六十三岁，据作者所考实为六十一岁，他是没有到七十岁的，不到七十岁的寿年的人，当然不能算是"老终"，应该说是"早终"了。

逯君又说："《颜诔》云：'年在中身，疢维痁疾，视死如归，临凶若吉。……傲幽告终，怀和长毕。'其曰'中身'，《尚书·无逸》'文王受命惟中身'之义，与年过五十之首亦相应。"按此论非是。"中身"的解释，《汉孔传》说："文王九十七而终，中身即位，时年四十七，言由身，举全数。"《唐孔疏》说："计九十七年半折以为中身，则四十七时，于身非中，言中身者，举全数而称之也。"可见《尚书·无逸》里所谓"中身"，是指文王全年龄（九十七岁）的半数（四十七岁），也即是生命的中点了。《颜诔》里所谓"年在中身"，此"中身"极明显地指的是"中年"，与"文王受命唯中身"的中身，在逻辑上讲是两个根本不相同的概念（形式上的字面虽同，而内涵实各异），所以这两个"中身"自然不能以其字面相同而相提并论了。又按中年过后是老年，古者七十曰老，陶潜的寿年既是据考为六十一岁，那么六十一岁当然不能称老年，而例应称中年了。是以《颜诔》论陶潜曰"年在中身"，中身（即中年）与陶寿六十一岁之说正合。只要头脑清晰，一思便知。而逯君用什么"文王受命中身"之义与颜诔的"年往中身"相皮传，又说什么"与年过五十之言亦相应"，真是荒唐之论。这不仅没有弄清楚两个不同概念的中身，而且在"与年过五十之言亦相应"的结论上也犯了语病。试问逯君六十一岁算不算年过五十呢？假若不算的话，六十一便小于五十了。固哉高叟之论也！

逯君又说："《祭程氏妹文》云：'慈妣早世，时尚孺婴，我年二六，尔才九龄。'是渊明早年丁忧时年止十二，而其《祭从弟敬远文》云：'相及龆龀，并罹偏咎。'又知二人年岁之差并不相远。《祭从弟敬远文》作于辛亥，文中称敬远'年甫过立，奄与世辞'，知敬远卒时仅三十余。然若依《宋传》六十三岁之说，渊明是年已四十七岁，而敬远仅三十余，彼此相差十五六岁之多，则渊明十二丁忧时，敬远尚未生，何得有'相及龆龀，并罹偏咎'之语？"

按此论源出于古直。古氏误把"慈妣早世"（陶潜丁庶母忧）与"并罹偏咎"（陶潜丁父忧）在陶潜生命里不同时间的两件忧事混为一谈。并且根据"我年二六"与"相及龆龀"二语以推算陶潜的年龄，其谬妄已详前驳斥古说中。逯君仍承袭古氏之谬，以讹传讹，其失妄当毋容再辩。唯逯君根据《祭从弟敬远文》一文，推定陶潜与敬远年龄之差为十五六岁，与"相及龆龀，并罹偏咎"之语不符，此逯君较古氏之深思独到处，大有一辩的价值。根据前面我对陶潜的论断，戊申岁时他年四十二岁，那么辛亥岁时他年四十五了。又从《祭从弟敬远文》知辛亥岁敬远是"年甫过立"。而"年甫过立"究竟是几岁呢？《梁谱》以为是三十余，《古谱》以为是三十一，逯君从古说亦定为三十一岁。任公"三十余"的不下确切的论断，这是出于他做学问的谨慎与保留的态度，古氏"三十一岁"的假定，是忽略了陶潜为从弟作祭文时的心理，而仅从"甫"字字面上着想的结果。陶潜作祭文时既痛乃弟之死亡，所以很自然容易地估低了乃弟的实际年龄。犹之乎我们突然间听到朋友死亡的消息，而不禁惋惜地说："这样的年纪（是指年龄小的意思），竟与世长辞了。"这是人类心理上不可避免的错觉。因此陶潜以"年甫过立，奄与世辞"的语句来悼哀敬远，可以推知敬远的寿年绝不是三十一，而是在三十一以大后了，可能是在三十五岁以后。准此，陶潜与敬远年龄之差，最多亦不过七八岁，与"相及龆龀"（意即二人皆在童年）一语，亦无悖谬。由上驳斥，可见逯君证渊明寿年不为六十三岁之论证，是不能成立的。

其次，逯君更进一步证渊明寿年为五十一岁，其论证仍袭

《古谱》之旧说，以《饮酒》诗第十九首为根据，他说："其曰'是时向立年，志意多所耻，遂尽介然分，终死归田里'者，即追述彭泽弃官之事。第一，渊明秉耒躬耕，始自癸卯，有《癸卯岁始春怀古田舍》诗可证，则此曰'投耒去学仕'，自在癸卯秉耒之后。第二，渊明癸卯年中，始终未曾出仕，则投耒学仕，当任次年甲辰，甲辰之次年，即义熙元年乙巳，而彭泽弃官又适在乙巳，叫此诗因耻一归田之追述，自指彭泽弃官之事矣。"

按"终死归田里"，一作"拂衣归田里"。此次拂衣归田，非指彭泽弃官，实指初为州祭酒解归之事，其详由见前斥古说中。逯君仍承古氏之谬，颠乱陶潜仕宦时间，其妄自不值再辩了。逯君又说："自文义言之，倘以《归去来兮辞序》'耕植不足以自给……生生所资，未见其术，亲故多劝余为长吏……遂见用于小邑……彭泽去家百里，公田之利，足以为酒，故便求之。及少日，眷然有归欤之情，何则？质性自然，非矫厉所得。饥冻虽切，违己交病……于是怅然慷慨，深愧平生之志……自免去职……'一段与《饮酒》诗'畴昔苦长饥，投耒去学仕，将养不得节，冻馁固缠己，是时向立年，志意多所耻，遂尽介然分，拂衣归田里'一段逐文而参证之，知二者所纪实为一事，盖为贫而仕，因耻而归之意，彼此若合符节也，而史叙渊明为彭泽令，亦在'躬耕自资'之后，又言因耻接督邮而解官，即尽分归田之追述，必指彭泽弃官之事。"

按此说皮传，非是。在导论中我曾说过，陶潜的生命，是自由的象征，他一生奋斗的对象，可说是追求理想的自由。但是人生毕竟是有缺陷的，所以陶潜的高贵之自由理想，也往往受到了实际生活的限制：从人世走到大自然，从穷困衣食的执着，走到穷困衣食的超越，在陶潜是一个可怕的挣扎的过程（陶潜虽是陶大司马之后，但至潜本身，已沦为田家，所以他一生贯串着一个由穷困所引起的对现实的执着、交战，到遗弃的过程）。试看《宋书·陶潜传》吧：

> 潜少有高趣。……亲老家贫，起为州祭酒，不堪吏职，少日自解归。州召主簿，不就。躬耕自资，遂抱羸疾。复为镇军、建威参军，谓亲朋曰："聊欲弦歌，以为三径之资，可乎？"执事者闻之，以为彭泽令。……郡遣督邮至，县吏白应束带见之，潜叹曰："我不能为五斗米折腰向乡里小人。"即日解印绶去职，赋《归去来》。（《萧传》《晋书·陶潜传》《南史·陶潜传》，大体均同）

可见为贫而仕，因仕而耻，因耻而归，也就是从现实的执着到现实的超脱过程，是陶潜的主峰的生命情调之表现。这个情调的过程，在初为州祭酒时是如此，在继为彭泽令时亦复如此。（起为州祭酒，自然是亲老家贫的结果，但是对现实的希望，终于在不堪吏职里消失了，所以也只有"少日解归"。这是他对现实的超脱，也是对不自由的苦痛灵魂之解救。然而贫困与饥饿，究竟是足以压倒人的。因此，陶潜在超脱里又发生了现实的执着，这便是他的去家而为彭泽令。但是为令的结果，仍旧是希望的幻灭，所以终归是解绶去职，赋《归去来》了，他又重回到自由的超脱领域里去了。可见由追求到幻灭，由幻灭到超脱的过程，在陶潜的生命里，实在显现了不止一次。）何能把因贫而仕，因仕而耻，尽分归田的事，指定是彭泽弃官呢？其次，就《宋书·陶潜传》的"亲老家贫，起为州祭酒……少日自解归"与《饮酒》诗的"畴昔苦长饥，投耒去学仕……拂衣归田里"两段对照参证，可见拂衣归田之为追述州祭酒解归之事明矣。至云"渊明为彭泽令"，亦在躬耕自资之后，是对"躬耕"之解释，殊落胶滞。按《饮酒》诗虽有投耒学仕之语，但投耒学仕，乃弃田园而游宦之通称，非真弃耒耜而登朝之谓。如在未秉耒前，实早已仕为州祭酒了（参考前对《古谱》之驳斥）。所以"躬耕"与否，绝不能断定拂衣归田为彭泽弃官之事。据上所论，则逯君之皮传失真，论证之错误自见了。

逯君又说："更自反面观之，知《饮酒》诗所谓归田，亦必指彭泽弃官事。《饮酒》诗有云：'冉冉星气流，亭亭复一纪，世路廓悠悠，杨朱所以止，……据此知此次归田之后，十年之间，未再出仕。与史叙彭泽弃官后终身不仕者合，然若依《吴谱》，谓向立归田指辞州祭酒，时在太元十八年癸巳。则渊明至隆安四年庚子为镇军参军才七年，至隆安五年辛丑有'赴假江陵'之事才八年，与此十年间未再出仕者全相背谬，此既可证'向立''归田'之绝非解州祭酒，又可证其必指彭泽之弃官也。"

这更是附会穿凿，断章取义到莫明其妙的言论。

第一，试问逯君假若向立归田指的是彭泽解绶事（据史传陶潜在彭泽弃官后，是没有再出去做官的，这可以说是"人间良可辞"的赋"止"了），何以在亭亭一纪之后又赋"止"呢？他究竟是"止"什么？本来陶潜自彭泽弃官后过的是隐士的生活，隐士幽人的人生观，还有什么事情不可以"止"，值得大惊小怪地提出来？

第二，又问逯君"归田之后，十年之间，未再出仕。与史叙彭泽弃官后终身不仕者合"，这是玄想呢还是有所据而云然？"一纪"是十年吗？"十年未出仕"如何说与"终身不仕者合"？十年与终身，岂有可"合"之妙方欤？

第三，再问逯君《吴谱》以向文归田指辞州祭酒（时在太元十八年癸巳），据此而推算陶潜的仕宦时间，其结果是《吴谱》本身有矛盾与错误呢，还是阁下断章取义地在附会、曲解，无中生有地硬说是"全相悖谬"？按《吴谱》：太元十八年癸巳，是岁为江州祭酒；隆安四年庚子，始作镇军参军；义熙元年乙巳，参建威军事，八月起为彭泽令。查癸巳至乙巳，正十三年，亦即自癸巳为州祭酒，至乙巳彭泽弃官正十三年，此与饮酒诗"向立归田"。中经"亭亭复一纪"，终止于"杨朱所以止"之事正合。所以何孟春注云："陶公以癸巳为州祭酒，是向立年也，庚子参镇军事，乙巳参建威军，为彭泽令而归，距癸巳年，正当一纪，此诗正此时作。"由此观之，《吴谱》中陶潜之仕宦时间，与《饮酒》诗的"亭亭复一纪"一语，若合符节，有什么"全相悖谬"？所谓"悖谬"者，倒不是《吴谱》的悖谬，而是逯君以十年为一纪的悖谬！因此可以断定向立归田，绝非指彭泽弃官，而实为州祭酒解归之事了。根据以上的辩论，足证逯君五十一岁之说不能成立了。

此外，在陶集里常有感叹衰老的句子，绳之以古者七十曰老之律，可以得到一种暗示与证明：那即是说凡以陶潜年寿不到六十岁的诸种说法，都是妄谬的。试看他的衰老的感叹吧：

荣木，念将老也。日月推迁，已复九夏，总角闻道，白首无成。（《荣木序》）

白发被两鬓，肌肤不复实。（《责子》）

弱年逢家乏，老至更长饥。（《有会而作》）

寿涉百龄，身慕肥遁，从老得终，奚所复恋！（《自祭文》）

看他所说的"将老""白首""老至""从老得终"，正是行经六十岁以后人生旅程之人的口吻，"肌肤不复实"一语，更能传写出六十岁以后的人的老态、神情。五十岁左右的人，如何能动辄言"老"，说什么"肌肤不复实"呢？即此一事，足证主张陶潜寿年为五十余岁的诸人之说法是为妄诞无稽。

（二）仕宦问题

陶潜一生虽然做过几次小官，十二年的宦游，但其仕宦最为诸家聚讼不决者，决为镇军参军一事。陶潜之为镇军参军，仕何人，在何年，约之不外四说：

1.以陶潜为镇军参军乃仕镇军将军刘裕者 此说出于《文选李注义疏》。然后人以为刘裕是一个跋扈将军，后来篡夺晋朝的，陶潜未必肯做刘裕的官，因此便有人虽因袭李善之说，但却做了新解：如叶梦得即以为陶潜仕裕，实因受彼之逼迫，做参军不是他的本愿（此说见陶澍《靖节年谱考异》隆安五年所引《吴谱》中引）。恽敬以为陶潜的仕裕，在元兴三年甲辰，裕追桓玄至浔阳，正举着"勤王"的旗帜，以讨叛贼。陶潜因附义而起，所以肯做刘裕的参军，想不到他后来会篡位（此说见《大云山房文稿二集》）。

2.以陶潜隆安三年己亥为镇军参军乃仕镇北将军或前将军刘牢之者　此说陶澍主之（见《陶文毅公全集·靖节先生为镇军建威参军辨》，及《靖节先生年谱考异》）。梁启超、古直二氏亦因之，说见梁、古二谱。

3.以陶潜隆安四年庚子为镇军参军乃仕武陵王遵者　此说见周济《晋书·略汇传七》。

4.仅断定陶潜义熙元年乙巳为镇军参军绝非仕刘裕者　此说洪亮吉主之（见《晓读书斋二录卷下》）。

按四说中，1、3、4说非是。如果如1说所云，陶潜为刘裕参军，然参之史文，殊多矛盾。

第一，考刘裕为镇军将军在安帝元兴三年甲辰（详见《晋书·安帝纪》《宋书·武帝纪》），是年刘敬宣以破桓歆功，"迁建威将军江州刺史，镇寻阳"（《晋书·刘敬宣传》）。而陶潜又有《乙巳岁三月为建威参军使都经钱溪》诗一首，这样一来，似乎陶潜上年在石头（是年刘裕坐镇石头）做刘裕的参军，下年三月又在寻阳做刘敬宣的参军。《乙巳岁三月为建威参军使都经钱溪》诗说：

我不践斯境，岁月好已积。晨夕看山川，事事悉如昔。微雨洗高林，清飚矫云翮。眷彼品物存，义风都未隔。伊余何为者，勉励从兹役。一形似有制，素襟不可易。园田日梦想，安得久离析。终怀在壑舟，谅哉宜霜柏。

可见他很久没到建康了。如果上年做刘裕的参军，是年做刘敬宣的参军，那么他在这两年中间是常常经过建康的，何以说"我不践斯境，岁月好已积"呢？此其一。又按安帝于是年（义熙元年乙巳岁）正月，乘舆反正，三月帝自江陵至建康，陶潜亦于是月奉命使都，我想陶潜大概是代表敬宣去建康庆贺安帝的光复大业的。所以诗说"眷彼品物存，义风都未隔"。在"义风"二字里，可以看出他对此次所谓"勤王"之举是处于第三者的地位，是没有亲身参与的。这当然是他没有做过刘裕的参军了。此其二。

第二，陶潜在始做镇军参军时，有《始作镇军参军经曲阿作》诗一首。按曲阿即今之丹阳县（吴仁杰说），而镇军幕府一般公认的是在京口（丹徒）。由诗题"始作"二字看来，无论作"始仕"解或作"始就军职"解，总之他是开始离开浔阳经曲阿而至京口就职的。如果说他是做刘裕的参军，那么他在元兴三年以前应该不曾离开过浔阳。然而他诗集里有《庚子岁五月中从都还阻风于规林二首》，庚子是隆安四年（公元400年），距元兴三年（公元404年）凡四年，可见他绝不是到了元兴三年间才离开浔阳就军职的，如此一来，他自然不是做刘裕的参军。此其一。查《宋书·武帝纪》上元兴三年，裕"镇石头城，立留台，总百官……"明年（义熙元年）三月安帝还建康，以裕为十六州都督。是月，裕旋镇丹徒。如果陶潜做刘裕的参军是在元兴三年，这时裕镇石头城，那么陶潜的《始作镇军参军经曲阿作》诗题就不该有"经曲阿"字样。经曲阿即是去丹徒，刘裕的镇丹徒是在义熙元年三月的事，如果陶潜做刘裕的参军，亦必在是年三月以后，而是年三月陶潜已为刘敬宣的建威参军了。（有《乙巳岁三月为建威参军使都经钱溪诗》可证）。可见陶潜是没有给刘裕做参军的。此其二。

　　根据以上所论，足证《文选李注义疏》之说不能成立。况刘裕为一无赖流氓，阴贼势利之徒，虽明举勤王之义旗，而实为市富贵之捷径。《武帝纪》说："初，高祖（裕）与何无忌等共建大谋，有善相者相高祖及无忌等并当大贵，其应甚近，惟云（檀）凭之无相，高祖与无忌密相谓曰：吾等既为同舟，理无偏异，吾徒皆成富贵，则檀不应独殊，深不解相者之言，至是而凭之战死，高祖知其事必捷。"可见他举义时斤斤于个人的富贵荣辱。及至克复京邑，遣诸将帅追（桓）玄，自己却镇石头城，盘踞中枢，盗窃高位，所以《武帝纪》说："司徒王谧与众议推高祖领扬州，固辞（因为他嫌官小，故尔），……于是推高祖为使持节、都督扬徐兖豫青冀幽并八州诸军事、镇军将军、徐州刺史。"王谧是什么样的人？是桓玄的司徒（见《晋书·安帝纪》），《武帝纪》也说："桓玄将篡，谧手解安帝玺绂，为玄佐命功臣。"也是刘裕的朋友、恩人，《武帝纪》又说："初，高祖家贫，尝负刁逵社钱三万，经时无以还，逵执录甚严，王谧造逵见之，密以钱代还，由是得释，高祖名微位薄，盛流皆不与相知，唯谥交焉。"刘裕对此附逆叛臣，不但不杀戮，以正刑典，反而予以庇护。《武帝纪》说："及义旗建，众并谓谥宜诛，唯高祖保持之。"二者互相勾结，朋党为奸，刘裕赖王谥等辈的拥戴而位显，谥亦因裕而得官。《晋书·安帝纪》说："桓玄司徒王谥推刘裕行镇军将军徐州刺史、都督扬徐兖豫青冀幽并八州诸军事、假节。刘裕以谥领扬州刺史、录尚书事。"甚至诛锄异己，擅作威福。《武帝纪》说："尚书左仆射王愉，愉子荆州刺史绥等，江左冠族。绥少有重名，以高祖起自布衣，甚相凌忽。……高祖悉诛之。"是以裕初收复京师之日，即奸狡专横，狰狞跋扈，其不臣之心，昭然若揭，虽名为义旗，实为刘裕弋取个人富贵、名和利之大赌博。换言之，即刘裕与桓玄之逐鹿天下，刘裕败，晋固亡，刘裕之成功，晋又何独不亡？其迎安帝，弑安帝，立恭帝，废恭帝以篡夺晋朝之结果，何待十六七年后而始知？刘裕何如人，陶潜焉能参其军？即以人的类型而论，他们也是有根本冲突的，一个是"初谶云：昌明之后有二帝。刘裕将为禅代，故密使王韶之缢帝而立恭帝，以应二帝云"（见《安帝纪》）的阴贼的奸雄，一个是"少怀高尚，颖脱不羁"（《晋书·陶潜传》）的哲人，这两种类型的人是天生地尖锐、对立，所以陶潜哪能仕刘裕呢！至于叶梦得以陶潜之仕裕为被逼迫，此乃不考之论。恽敬以陶潜之仕裕，因附义而起，亦仅出于臆测之词。按陶潜对于他所处的时代，根本是抱着失望的态度，如《饮酒》诗第十三首说："有客常同止，取舍邈异境，一士常独醉，一夫终年醒，醒醉还相笑，发言各不领。"在这"发言各不领"的时代里，而刘裕又扮演着以"勤王"做招牌的骗局与把

戏，在哲人陶潜看来，这有什么"义"可附？所谓"附义"不是助
纣为虐，便是自欺了。《拟古·其八》说："不见相知人，惟见古时
丘……吾行欲何求？"看他感觉到宇宙是多么寂寞与荒寒，与他
所处时代的一切是多么不可为。因此，以义旗勤王的假招牌，又
如何能欺骗得了参透世相的哲人呢！陶潜的伟大处，既不在勤
王，也不在附义，自另有他的人格价值所在。故凡以附义的观念
而臆测陶潜仕刘裕者，这不仅是不了解陶潜，简直是画蛇添足，
甚至于是对自我了解力的一种侮辱。况且《始作镇军参军经阿
曲作》诗明白地说："……投策命晨装，暂与园田疏。眇眇孤舟逝，
绵绵归思纡……目倦川途异，心念山泽居。望云惭高鸟，临水愧游鱼。
真想初在襟，谁谓形迹拘。聊且凭化迁，终反班生庐。"何孟春曰："靖
节初以家贫亲老，不得已而仕，故其首如此。"这是恰当的评论，哪里
与附义有关呢？故以陶潜仕刘裕的一切论说均不能成立。

又按武陵王遵之为镇军将军，是义熙元年三月中事（见
《晋书·安帝纪》），绝不在隆安四年。然义熙元年三月陶潜已
做刘敬宣的建威参军了。故周济之说根本不能成立。至洪亮吉
谓陶潜义熙元年为镇军参军绝非仕刘裕一说，绝非仕刘裕一事
则诚当矣，然以陶潜义熙元年为镇军参军，则失为不考之论。由
此知1、3、4诸说固无由成立矣，按陶潜之为镇军参军，实仕刘牢
之，陶澍之说良是：

陶潜始作参军，实在己亥（安帝隆安三年，公元三九九年），镇军
实为（刘）牢之，盖戊戌（隆安二年，公元三九八年）九月（王）恭死，

而牢之代其任，开府京口，即在此时。

又说：

考《晋书·百官志》，有左右前后军将军，左右前后四军为镇卫军，王恭、刘牢之皆为前将军正镇卫军，即省文曰镇军，亦奚不可。先生《答庞参军》诗序曰，庞为卫军参军。其时卫将军王宏，省文曰卫军，即其例矣。

由上所引，知陶澍以陶潜做刘牢之参军是在隆安三年。先是戊戌九月，牢之以败王恭功，遂代恭为都督兖青冀幽并徐扬州晋陵军事，镇京口。己亥十一月又以击走海寇孙恩功，进拜前将军，陶潜参牢之军，即在此时。据《晋书·职官志》，有左右前后将军，而左右前后军，就是镇卫军，所以"前将军"也可以省称"镇军"。因此，牢之既以前将军镇京口，律之以"庞为卫军参军"之例，则与陶潜之《始作镇军参军经曲阿作》诗题相合。近人梁启超、古直为陶潜编年谱，均从陶说，而朱自清先生却不以为然，朱先生的理由是：

1.刘牢之做前将军并不在隆安三年，据《晋书·安帝纪》，刘牢之那年做的辅国将军，下一年才以前将军为镇北将军。

2.所谓"左右前后四军即镇卫军"的话也是错误的。考《晋书·职官志》"五校"条下有云："后省左军右军前军后军为镇卫军"，是说把左右前后四军省并为镇卫军，并不是说左右前后军都是镇卫军（详见《陶渊明年谱中之问题》）。

按朱先生之考证不实：

第一，刘牢之为前将军确在隆安三年。《晋书·刘牢之传》："及王恭将讨王国宝，引牢之为府司马，领南彭城内史加辅国将军。"恭本以才地陵物，及檄至京师，朝廷戮国宝王绪，《安帝纪》说："隆安元年夏四月甲戌，兖州刺史王恭、豫州刺史庾楷举兵，以讨尚书左仆射王国宝、建威将军王绪为名。甲申杀国宝及绪，以说于恭，恭乃罢兵。"可见刘牢之为辅国将军是在隆安元年了，此其一。又《刘牢之传》说："及孙恩攻陷会稽，牢之遣将桓宝率师救三吴，复遣子敬宣为宝后继，比至曲阿、吴郡内史桓谦已弃郡走，牢之乃率众东讨，拜表辄行。至吴与卫将军谢琰击贼屡胜，杀伤甚众，径临浙江，进拜前将军，都督吴郡诸军事。时谢琰屯乌程，遣司马高素助牢之。牢之率众军济浙江，恩惧逃于海。"又《安帝纪》说："隆安三年十一月甲寅，妖贼孙恩陷会稽，内史王凝之死之。吴国内史桓谦、临海太守新蔡王崇、义兴太守魏隐并委官而遁。吴兴太守谢邈、永嘉太守司马逸，皆遇害。遣卫将军谢琰、辅国将军刘牢之逆击，走之。"可见刘牢之在隆安三年十一月以击走海寇孙恩功，由辅国将军进为前将军了。（按《王恭传》说："（恭）于是改号前将军，慕容垂入青州。恭遣偏师御之，失利，降号辅国将军。"此为辅国将军晋级即为前将军之证。）此其二。又《刘牢之传》："牢之还镇，恩复入会稽，害谢琰。牢之进号镇北将军，都督会稽五郡。"又《安帝纪》说："隆安四年五月己卯，会稽内史谢琰为孙恩所败，死之，恩转寇临海。冬十一月前将军刘牢之为镇北将军。"可见刘牢之在隆安四年十一月，由前将军又进为镇北将军了。此其三。即此三事，足证朱先生考证之不实。亦可见刘牢之之为前将军，确在隆安三年。

第二，朱先生根据《晋书·职官志》"后省左军右军前军后军为镇卫军"一语，断定陶澍所谓"左右前后四军即镇卫军"的话是错误的，也是习而不察之论，按《职官志》"五校"条下虽有"后省左军右军前军后军为镇卫军"一事，但实际上并未彻底实行，也即是说左右前后四军一方面固然可以共称镇卫军的名号，而在另一方面左右前后四军的名号却仍然存在。

我的论据是：1.所谓"后省左右前后军"一事，由《晋史》看来，始终是没有省的，而"后省"云云，仅是纸面上的空话。考安恭二帝是东晋末年的两位皇帝，刘裕的篡晋，就是篡自恭帝的手里。假如《晋书·职官志》所谓"后省左右前后四军为镇卫军"的政策真正实行的话，无论"后省"的时间所指何时，至迟在安恭二帝时，总应该开始实行，左右前后四将军的名号也应该取消，而代之以镇卫将军的名号。但事实不然，《安帝纪》说："元兴元年春正月……以后将军元显为骠骑大将军、征讨大都督，……前将军、谯王尚之为后部，以讨桓玄。二月，又任右将军吴隐之为都督交广二州诸军事、广州刺史。义熙二年十月，论匡复之功，封右将军何无忌安成郡公。乙亥，以左将军孔安国为尚书左仆射。七年春二月，右将军刘藩斩徐道覆于始兴。八年九月，太尉刘裕害右将军兖州刺史刘藩，尚书左仆射谢混。九年春三月，刘裕害前将军诸葛长民，及其弟辅国大将军黎民，从弟宁朔将军秀之。十三年十一月，左仆射前将军刘穆之卒。"《恭帝纪》也说："元熙元年秋八月，以刘怀慎为前将军、北徐州刺史，镇彭城。"可见左右前后将军的名号，是与东晋相终始的。这当然可以给人一种暗示。所谓"后省"云云，不仅没有"省"，反而因为"后省"云云，使得左右前后将军也有称镇卫军将军名号的资格了。2.安帝是位昏庸的君主，《晋书》称其"*帝不惠，自少及长，口不能言，虽寒暑之变，无以辨也，凡所动止，皆非己出*"。恭帝虽比较精明，观其即位后"*帝受朝，悬而不乐*"，禅位时"*帝欣然谓左右曰：晋氏久已失之，今复何恨*"，犹不失英主的风度。但裕立之，裕废之，在权臣的威逼毒焰里，亦无可如何。试想以这样的两位君主，如何能有魄力去改革兵制？即便改革，又何能贯彻实行？所以在安恭二帝时既仍见"*左右前后四军将军*"的名号，在职官志里又有"*后省左右前后军为镇卫军*"一条，亦足证所谓"后省"云云，是没有贯彻实行的。在王纲解纽的时代里，大概一切制度也是以骈拇枝指的状态存在吧。因之"左右前后四军"的名号也与"镇卫军"的名号并存不悖，这是毫无疑问的。由上所论，可见朱先生反驳陶说的理由不能成立。

再者，陶潜之参牢之军，考其诗文，亦有佐证：按牢之之为前将军，在隆安三年十一月。陶潜亦于此时参其军。故明年庚子，有《庚子岁五月中从都还阻风于规林二首》（疑旋返丹徒销假，由《辛丑岁七月赴假还江陵夜行涂口》诗可证。又有辛丑正月五日《游斜川》诗一首。然按其文义，多衰老之感，似非此时之作，况辛丑一作辛酉。陶澍谓：庚子五月，请假回里，怀所生而念友于，遂留浔阳逾年，故明年辛丑正月，有《游斜川》诗者，似为不考之论，不足为据）。是年十一月，妖贼孙恩复入寇，宁朔将军

高雅之与恩战余姚，王师败绩。以前将军刘牢之为镇北将军（见
《安帝纪》隆安四年）。隆安五年春二月，孙恩复寇浃口。夏五
月，孙恩寇吴国，内史袁山松死之。六月甲戌，孙恩至丹徒。乙
亥，内外戒严，百官入居于省。（《安帝纪》）《刘牢之传》也说：
"牢之进号镇北将军，都督会稽五郡，率众东征，屯上虞，分军戍诸
县，恩复攻破吴国，杀内史袁山松。牢之使参军刘裕讨之，恩复入海。
顷之，恩浮海奄至京口，战士十万，楼船千余。牢之在山阴，使刘裕自
海盐赴难，牢之率六军而还。裕兵不满千人，与贼战，破之。恩闻牢
之已还京口，乃走郁洲，又为敬宣、刘裕等所破。"可见自隆安四年
（庚子）十一月至五年（辛丑）六月的期间，牢之是率众在征孙
恩的。彼时陶潜一定以参军相从，故其《饮酒》诗第十首有云：
"在昔曾远游，直至东海隅……此行谁使然？似为饥所驱。"正追述
其尝从军讨恩，驰驱海隅之事。（陶澍以先生从牢之东征讨恩，
为己亥（隆安三年）十一月孙恩陷会稽时事，亦失于不考。按牢
之东征孙恩不止一次，己亥十一月击孙恩时，为辅国将军，以击
走孙恩，始进拜前将军。陶潜参牢之军，不在彼为辅国将军之
时，而在彼为前将军之际（说详前）。故陶澍以陶潜于己亥十一
月从牢之东征之说非是。）

　　既定陶潜于辛丑（隆安五年）六月以前，曾从军东征，故有
《辛丑岁七月赴假还江陵夜行涂口》诗一首，按之时间正合。但
以此诗为历来学者所聚讼，故不得不一辨。诗云：

　　　闲居三十载，遂与尘事冥。诗书敦宿好，林园无世情。如何舍此

去，遥遥至南荆！叩栧新秋月，临流别友生。凉风起将夕，夜景湛虚明。昭昭天宇阔，晶晶川上平。怀役不遑寐，中宵尚孤征。商歌非吾事，依依在耦耕。投冠旋旧墟，不为好爵萦。养真衡茅下，庶以善自名。

第一，叶梦得以为荆州刺史自隆安三年，桓玄袭杀殷仲堪，即代其任，一直到元兴元年（公元402年）才以造反离江陵去建康，陶潜的《辛丑岁七月赴假还江陵夜行涂口》既然是作于隆安五年辛丑（公元401年），疑陶潜乃被迫仕玄。

第二，王雪山《栗里谱》据《庚子岁五月中从都还阻风于规林二首》诗，谓当是参镇军衔命自京都上江陵。又据《游斜川》诗，谓当是故岁五月还浔阳，今岁（辛丑岁）七月适江陵，有赴假还江陵诗留浔阳逾年，是告假在乡，至是往赴。

第三，吴斗南《陶靖节先生年谱》则据《还旧居》诗"畴昔家上京，六载去还归"二语，以为陶潜庚子岁做镇军参军，乙巳岁去彭泽，时正六年，既云家上京，又有《庚子岁五月中从都还阻风于规林二首》诗，则是未尝居江陵，使先生果仕于玄，不应居京师，设居江陵，不应以为上京。凡言京者，皆指建业。因此，陶潜既自庚子至乙巳居京师，故不应在江陵仕桓玄。

第四，陶澍以为诗题云"赴假还江陵"，赴假即假归之意，陶潜一定因事使江陵路出浔阳，事毕，便道请假归视，其辞简，犹曰"赴假还自江陵"云尔。甚至疑为奉诏赴江陵止桓玄入都。

第五，古直从陶说，而解赴假为急假。

第六，梁启超以为当时陶潜或侨居江陵，今按叶说陶潜被迫仕玄，纯系臆测之论。此事不仅不见史传，而且已有吴斗南驳斥于前（唯《吴谱》以上京为京师，指建业，非是。说详后。），复有陶澍证误于后，其以"假还"为"趋职"，显为无稽之言。王说囿于辛丑《游斜川》一诗，首谓庚子从都还当是衔命自京都上江陵，又说辛丑七月赴假还江陵为前留浔阳逾年，告假在乡，至是往赴。然既衔命自京去江陵矣（无论所衔何命，当以早完成任务为是。按王氏亦未指明衔何命），自不能滞留浔阳踰年，始前往赴，揆诸情理，殊甚乖违。《吴谱》不以仕玄于江陵为然，则诚当矣，唯对于赴假还江陵诗之底蕴，终未道及，是以不能自圆其说。陶澍、古直释"赴假还江陵"为"赴假还自江陵"云尔，亦嫌曲纤。按诗云："如何舍此去，遥遥至南荆。叩枻新秋月，临流别友……怀役不遑寐，中宵尚孤征。"似非使江陵事毕之语，而显然是初征之辞。观其《祭程氏妹文》："昔在江陵，重罹天罚，……伊我与尔，百哀是切，黯黯高云，萧萧冬月。"是陶潜自秋至冬未离江陵，何能云"路出浔阳，事毕，便道请假归视"？至其"疑为奉诏赴江陵止桓玄入都"之假定，则甚中的（详后）。梁任公以陶潜当时或侨居江陵，亦出于推测，少有实证。如是历来诸说，鲜有不扞格矛盾而难通者矣。（陶澍之说的一部分，尚可取。）

今为反复推寻，参考其出处之年，乃做如下的断定：

第一，陶潜辛丑七月的去江陵，乃奉诏赴江陵止桓玄入都。此说陶澍曾假定及之。考《晋书》是年六月，孙恩寇丹徒，内外戒严，百官入居于省。时桓玄以荆州刺史镇江陵，上表请入卫。《晋书·桓玄传》说："（玄）屡上疏求讨孙恩，诏辄不许。其后恩逼京都，玄建牙聚众，外托勤王，实欲观衅而进，复上疏请讨之，会恩已走，玄又奉诏解严。"可见恩退后，朝廷是以诏书止玄毋入卫的了。按恩退在六月，而陶潜江陵之行在七月，自是奉诏止玄之役，乃凿然无疑。此其一。又其诗题曰"赴假还江陵"，按"还"字之义，速也，即也。（《前汉书·董仲舒传》："此皆可使还至而立效者也。"）"还江陵"即是"速去江陵"，"即去江陵"。至"赴假"二字，古直也解作"急假"。又诗说："怀役不遑寐，中宵尚孤征。"可见是兼夜并进。如陶潜无诏命在身，其行色又何必如是其"急"？既急矣，则必有急命待达，辛丑七月中去江陵之急命，则又莫过于止玄之毋入卫的了。此其二。又按其诗意，与止玄毋入卫之说亦合，诗云"商歌非吾事，依依在耦耕"。按商歌为宁戚事。王逸《离骚注》说："宁戚修德不用，退而商贾，宿齐东门外，桓公夜出，宁戚方饮牛，叩角而歌，桓公闻之，知其贤，举用为卿，备辅佐也。"许慎曰："宁戚闻齐桓公兴霸，无因自达，将车自往。"时桓玄在荆州拥兵自重，独霸长江上游，大有齐桓公于春秋霸诸侯之势。桓玄传说："玄于是树用腹心，兵马日盛。自谓三分有二，知势运所归，屡上祯祥，以为己瑞。"但是陶潜自己，却不愿意做一个宁戚。他既不欲仕玄，而且这次去江陵晤玄，也是出于诏命的不得已。他为了表白自我的心迹，所以说"商歌非吾事"，而他的志愿倒是"依依在耦耕"呢！"耦耕"是长沮桀溺的事（见《论语》），《庚戌岁九月中于西田获早稻》说："遥遥沮溺心，千载乃相关。"都是他这种人生态度的表现。即此不仅证明此行是负有奉诏止玄的任务，而且同时证明了陶潜确未仕玄。此其三。又诗云：

"投冠旋旧墟,不为好爵萦。"正是陶潜以一官拘身为苦的心情之写照。他既然以宦游为苦,何以又"遥遥至南荆""中宵尚孤征"呢? 这自然是应了皇帝止玄的诏命,而不得不尔了。他虽然不得不去南荆,而他的眼前却摆出了一个希望,那便是他到江陵完成了任务以后,他要"投冠"而旋"旧墟",不再为好爵所萦了。此其四。又或者有人要问,当时的朝臣多矣,何以独使陶潜去江陵止玄入都呢? 我的回答是,这是刘牢之的主张。按,牢之是当时北府兵的唯一武力,有左右京师的力量,而又以王恭事与玄不睦。《刘牢之传》说:"桓玄将兵逼京师,上表理王恭,求诛牢之,牢之率北府之众,驰赴京师,次于新亭,玄等受诏退兵,牢之还镇京口。"他在征讨海寇孙恩诸役也最著勋绩。所以《刘牢之传》又说:"及恩死,牢之威名转振。"试想以牢之名震京师的声望,加以会稽王道子父子当国又深依赖之,(《刘牢之传》:"元兴初,朝廷将讨桓玄,以牢之为前锋都督、征西将军、领江州事,元显遣使以讨玄事咨牢之。"由此可见)对于他的仇怨桓玄入卫的事之处置,能不垂询和尊重他的意见吗? 何况牢之是讨破孙恩的功臣,对于因孙恩入寇而引起的桓玄入卫的问题,依理当然应该由他来决定处理了。陶潜既然是牢之的参军,那么牢之推荐他去江陵衔诏止玄入都,也是自然而合理的事。此其五。

　　第二,陶潜去江陵止玄入都的任务完成后,他是暂住江陵没有回京师的,他的镇参军职务,也是脱离于此时。在"投冠旋旧墟"的诗里:对于他的自动解职的结果,更是意料中的事。不过问题是他在江陵住于何地? 所为何事? 据我个人的考证,陶潜在江陵既没有自己的居里（梁启超以为陶潜侨居江陵之说非是），也没有做任何的事，而是暂住在他程氏妹的家里（按彼程氏妹有居里二处，一在江陵，一在武昌。《归去来兮辞序》说："寻程氏妹丧于武昌。"可证。），一方面吸取天伦的温暖（《祭程氏妹文》说："谁无兄弟，人亦同生，嗟我与尔，特百常情。"可见他兄妹感情之佳。），一方面恢复他倦旅的困劳。这时他的母亲也自浔阳赶来，但不幸以疾留江陵不起，旋卒。所以《祭程氏妹文》说："昔在江陵，重罹天罚，兄弟索居，乖隔楚越，伊我与尔，百哀是切，黯黯高云，萧萧冬月。"又以陶潜的《庚子岁五月中从都还阻风于规林》诗推之，"一欣侍温颜，再喜见友于"，则陶潜有兄弟至明。至江陵丁内艰，而兄弟乖隔，独与女弟居丧者，因其兄弟在浔阳，而女弟居江陵之故。盖以陶潜亲闱因过其女，以疾留江陵，遂不起也。按陶潜以七月还江陵，而《祭程氏妹文》有萧萧冬月之语，则居忧在是岁之冬。至明年（元兴元年壬寅）始归浔阳故里。故癸卯岁有《癸卯岁始春怀古田舍》。由上考论，对陶潜作赴假还江陵诗前后之事迹出处，自不待烦言而解矣。

《还旧居》诗："畴昔家上京，六载去还归，今日始复来，恻怆多所悲。"按"上京"二字，又为诸家所聚讼：第一，吴王两谱均把"上京"作"京师"解，以为陶潜初就军职在庚子（公元400年），此诗当作于乙巳年（公元405年），陶潜家居京师六年，到乙巳才回归浔阳旧居。然家居京师之说，与庚子岁从都还，辛丑岁赴假还江陵诸诗，均相矛盾。如《庚子岁五月中从都还阻风于规林二首》诗说："行行循归路，计日望旧居，一欣侍温颜，再喜见友于。"是眷属皆在旧居之明证。王雪山乃巧饰其说，以为从都还当是衔命自京都上江陵（其误已详前驳斥中），父在柴桑，故云"一欣侍温颜"，又云"久游恋所生"。按陶潜垂髫失怙，《命子》诗说："于皇仁考……嗟余寡陋，瞻望弗及。"何得此时又有父在柴桑？诗云"久游恋所生"，如果庚子始做参军，此诗即作于庚子五月，又何以谓"久游"？吴斗南则以为此次的从都还，正是到浔阳去把家眷搬来京师。但《癸卯岁始春怀古田舍》诗说"日入相与归，壶浆劳近邻，长吟掩柴门，聊为陇亩民"，又有《癸卯岁十二月中作与从弟敬远》诗一首，"寝迹衡门下，邈与世相绝，顾盼莫谁知，荆扉昼常开"等句，都不类"家居京师"的作品。王雪山则反以为那时陶潜遭父丧，丁忧在京，思念故乡，故有《癸卯岁始春怀古田舍二首》之作。至于《与从弟敬远诗》"寝迹衡门下"，陶潜在都亦当是野处。其说之非，陶澍辟之至详。陶澍说："《王谱》既以从都还为还浔阳，《游斜川》为留浔阳逾年，则固知旧居之在浔阳矣，又以《癸卯岁始春怀古田舍二首》之作，为自江陵归柴桑，复适京都，宅忧居家，思溢城。夫在官则迟回于故里，居忧反留恋于京师，揆之人情，殊为不近。况平畴良苗，即事多欣，乃田家实景，即寝迹衡门，邈与世绝，亦岂在京语邪？于是求其说而不得，则谓在都亦当是野处，总缘误以畴昔家上京，六载去还归，上京为上都，谓先生六载居京师，不知上京非上都也。又按《癸卯岁始春怀古田舍二首》，古人文简语倒，当是于田舍中怀古也。观诗中称颜子丈人先师，可见王氏似以旧居为古，则于文为不辞。"足证王吴二说之误。第二，陶澍既不同意王吴二谱的把"上京"解作"京师"，所以据他的考证，断定"上京"乃山名，是陶潜的旧居所在。他说："李公焕《还旧居》诗注，引《南康志》云：'近城五里，地名上京，有渊明故居。'又《名胜志》：'南康城西七里，为玉京山，亦名上京，有渊明旧居。其诗曰：畴昔家上京。即此。'又《朱子语录》：'庐山有渊明古迹曰上原，《渊明集》作京，今土人作荆。江中有一盘石，石上有痕，云渊明醉卧其上，名渊明醉石。'又朱子在南康《与崔嘉彦书》云：'前日出山，在上京坡遇雨，巾履沾湿。'《吴礼部诗》话：'上京在栗里原，去郡一舍。'据诸说，即上京之为山，山有先生旧居，凿然无疑。"按陶氏所认为凿然无疑者，一经推究，则可疑之点甚多：（一）《名胜志》谓南康城西七里为玉京山，考南康府治在今江西星子县，而陶潜之故里，据史传知在浔阳柴桑（在今九江县西南），因此，在南康城西的玉京山上，不应有陶潜的旧居。此其一。又《名胜志》明言上京本名玉京山，可知"上京"之名称，是后人因陶诗有"畴昔家上京"之句而附会上去的。（二）朱熹所说的"上京"，本名"上原"，朱熹以为"京""原"两字古通用（如九京作九原），便说陶诗的"上京"即庐山的"上原"，已够牵强；而又说"今土人作荆"，正与毛氏绿君亭本将"上京"改"上荆"相同，其附会之迹，是显而易见的。（三）朱熹《与崔嘉彦书》说："在上京坡遇雨"，"上京"之下又增一"坡"字，故知此是"玉京山"的山坡，所以称上京坡，和陶潜"畴昔家上京"的"上京"毫不相涉。（四）吴师道既以上京在栗里原，那么上京栗里本是一处地方（此说至当，说详后）。由上推究，可知上京绝不是山名，更不是玉京山，而是栗里原上的一个里名（也是柴桑山的一个里名，说详后）。第三，梁启超以为"上京"系"上荆"之误。他的理由是如上京在庐山，和柴桑相距咫尺，何以要六年不还旧居？并引陶澍集注引毛氏绿君亭本"一作上荆"为证，说荆州在长江上游，故称"上荆"，陶潜有《辛丑岁七月赴假还江陵夜行涂口》诗，又在《祭程氏妹文》中有"昔在江陵"的话，江陵是荆州的府治，因此他断定移家江陵者六年。然而跟着就有问题：陶潜既"刘牢之的参军，何以要移家江陵"？此问题梁氏不能解决，只好说"吾亦不复费精力以搜讨资料矣"。足见梁说之断难成立。第四，古直也主张上京是庐山的地名。他以为陶潜生长于栗里，后迁庐山的上京，又移居南村。移居南村之年，他考定在义熙五年己酉（公元409年），上溯到元兴二年癸卯（公元403），适满六载，就是陶潜畴昔家上京之年，则癸卯始自栗里迁居上京了。在此六载中，栗里尚时往还，故诗有"畴昔家上京，六载去还归"之句。及徙南村，遂不复至。更越多年，始来一行，顿觉邑屋非日，邻老罕遗，所以怆然而悲。按古说亦出于臆测，诚如前吴师道说"上京在栗里原"，知上京栗里显为一处地方，则古氏的"少长栗里，迁居上京"之说，已不攻自破。然逯钦立君不谙及此，故在其《陶渊明行年简考》里，又因袭古说，而发挥之，并广为论证，他说："考渊明义熙元年彭泽弃官后所返之宅，与作《饮酒》诗时所住之宅，为同一里居。《归去来兮辞》云：'园日涉以成趣，……抚孤松而盘桓。'孤松系实写而非泛指，故《饮酒》中又反复陈之，如云：'青松在东园。……独树众乃奇。'又云：'因值孤生松，敛翮遥来归。'皆是也。孤松既系实写，前后见诸文咏者又同，则两居之为一宅，当无问题。今姑名之曰'甲宅'，此一处也。"

又云："《饮酒》诗有'结庐在人境'一语，而义熙九年至宋元嘉四年又适为渊明行踪不离浔阳之时（从古谱），知甲宅即在浔阳负郭。"

又云："考渊明所居甲宅，即上京里。"

按此说非是。第一，《归去来兮辞》明明地说"园日涉以成趣"。《饮酒》诗也说"青松在东园"，可见这是说的"园"，而不是说的"宅"。由"东园"二字看来，此"园"一定是在"宅"之东。又"园日涉以成趣"，陶注说："趣，趋同。李善注：《尔雅》曰：堂上谓之行，堂下谓之步，门外谓之趋，中庭谓之走。"观《尔雅》对"趣"字的解释，更足证所指者为"园"。按园是居宅的一部分，自不能以园作宅甚明。第二，所谓"孤松"的"孤"字，是陶潜生命情调的写照，决不能作"独树"或"一棵松"解。在其诗文里用"孤"字的地方很多。如"孤舟"，"孤往"，"独悲"（见《归去来兮辞》），"孤云"（《咏贫士》），"独行"（《拟古》）"冲飞"，（《饮酒》）……假若"孤松"胶滞著作"一棵松"解，而硬说它是写实的话，那么在逯君所引的诗文本篇里即能找到反证。《归去来兮辞》描写东园的荒凉景象说："三迳就荒，松菊犹存。"可见东园之松，并不是孤松了。如果根据"抚孤松而盘桓"一语，定此松为孤松，则"菊"也不就变作"孤菊"了吗？此非笑话乎！试想东园里只栽一松一菊，天下还有这样的事吗？第三，《饮酒》诗第十五首云："贫居乏人工，灌木荒余宅。"可见陶潜的"宅"中有灌木，而没有孤松，有松菊的自然是他的东园了。即上三事，足证逯君误"东园"为"宅"。彼又以"东园"为上京里。而巧名之曰"甲宅",更为浅陋。至其据"结庐在人境"
一语,而知甲宅即在浔阳负郭之结论,迹近呓语。如"结庐"之
"庐"字指匡庐解,不仅有违常识,而且与文理不通。否则在"人
境"里到处可以"结庐",何必一定在浔阳负郭呢? 他又说:"古
田舍,园田居,以及戊申遇火之宅为同一里居,《癸卯岁始春怀
古田舍》云:'在昔闻南亩,当年竟未践……寒竹被荒蹊,地为罕人
远。'此与《归园田居》诗所谓'南亩'(开荒南亩际)'罕人'(野
外罕人事),以及所谓'远'(暧暧远人村),位置景象,无不相
同,一也。又《归园田居》诗云:'野外罕人事,穷巷寡轮鞅。'又云:
'荒宅十余亩,草屋八九间。榆树荫后园(按园,《陶集注》云:"焦
本云:宋本作檐。一作园,非。"),桃李罗堂前。'其言'园林''穷
巷''草屋'者,与《戊申岁六月中遇火》诗所谓'草庐寄穷巷',及
'林室顿烧燔'之林室又同。此一宅既与甲宅之为'结庐在人境'
并园有孤松者不类;且戊申遇火又在迁居'南里'之前,与'南
里'不为一宅。则古田舍,园田居以及遇火之宅,其为同一里居
者,固极显然,今姑名之曰'乙宅'。此又一处也。"

又云:"据《归园田居》诗'远人村''野外''南亩'及'种
豆南山',知乙宅在浔阳南郊,庐山北壁,与《宋书·陶潜传》所
称半道栗里者,位置相当;而栗里又历来传为渊明里居,故今即
定'乙宅'为栗里。"

按此说亦非是。彼据上述等三诗以定"乙宅"栗里,今明以
三事,则立见其误,知其所谓"甲宅"者即是"乙宅"(二者实为
一宅),彼所谓上京里,亦即栗里。第一,按三诗中写陶潜居宅

的景象说:

> "方宅十余亩,草屋八九间。榆柳荫后檐,桃李罗堂前……狗吠深巷中,鸡鸣桑树颠。"(《归园田居·其一》)
>
> "……穷巷寡轮鞅。白日掩荆扉,……"(《归园田居·其二》)
>
> "草庐寄穷巷……林室顿烧燔……舫舟荫门前。"(《戊申岁六月中遇火》)

假如把以上所引的陶潜居宅(乙宅)的景象与逯君所谓"甲宅"(按即东园)的景象对比,可以发现几个问题:

(1)"乙宅""方宅十余亩,草屋八九间"。试想八九间的草屋,如何需要十余亩的方宅?二者的大小简直有些不相配衬,但是据前"甲宅"引《归去来兮辞》及《饮酒》诗,知陶潜的居宅是有个东园的。这样立即可以得到合理的解释:草屋八九间是陶潜的住处,十余亩的方宅,是包括了东园而言。也即是八九间的草屋,再加上他的东园,合构成十余亩的方宅。可见逯君所谓甲宅、乙宅,其实是一了。(2)住处的景象(乙宅)与游地的(甲宅)不同:陶潜的住处,是八九间的草屋,它的形式布局,是前有桃李"桃李罗堂前",后有榆柳"榆柳荫后檐"。整齐划一,这自然与东园不同。东园是"三径就荒,松菊犹存"(《归去来兮辞》),"秋菊有佳色""青松在东园,众草没其姿"(《饮酒》),有一种参差、荒凉、朦胧的美。但是在异中却也有同:第一,对"门"的描写。"乙宅"是"长吟掩柴门"(《癸卯岁始春怀古田舍》),"白日掩荆扉"（《归园田居·其二》）。而"甲宅"也是"门虽设而常关"（《归去来兮辞》），"清晨闻叩门，倒裳往自开"（《饮酒·其九》）。第二，对房屋的描写："乙宅"之"草庐""林室""草屋"，与"甲宅"之"褴褛茅檐下"（这是草庐），"灌木荒余宅"（这是林室）（《饮酒》）所述者正同。第三，对环境的描写：乙宅是"穷巷寡轮鞅"（《归园田居·其二》），甲宅是"结庐在人境，而无车马喧"（《饮酒·其五》）。二者的景象又同。（3）甲乙两宅所处的方位地域亦同：乙宅是位于庐山之北，如云"种豆南山下"（《归园田居·其三》），而甲宅亦是"采菊东篱下，悠然见南山"（《饮酒·其五》），显然地也在庐山北壁，即就远近而论，"种豆南山"与"采菊东篱下，悠然见南山。山气日夕佳，飞鸟相与还……"的地位亦相应。可见甲乙两宅，实为一地。

第二，按《癸卯岁始春怀古田舍二首》《归园田居》等三诗写陶潜里居的远景说：

"寒竹被荒蹊，地为罕人远。"（《癸卯岁始春怀古田舍二首》）

"开荒南野际……暧暧远人村，依依墟里烟。"（《归园田居·其一》）

"野外罕人事……时复墟曲中，披草共来往。"（《归园田居·其二》）

"久去山泽游，浪莽林野娱……披榛步荒墟，徘徊丘陇间，依依昔人居。"（《归园田居·其四》）

"怅恨独策还，崎岖历榛曲，山涧清且浅，可以濯吾足。"（《归

园田居·其五》）

就上所引乙宅远景，与甲宅相对照亦合：（1）乙宅的远景是"寒竹被荒蹊，地为罕人远""暧暧远人村""野外罕人事""开荒南野际"，一片荒凉、静僻、邈远的景象。甲宅的远景也是，"结庐在人境，而无车马喧……心远地自偏。采菊东篱下，悠然见南山"。一片静穆、偏远、荒凉的景色。（2）乙宅的远景有"墟里""墟曲""荒墟""丘陇""林野""榛曲"，而甲宅也有"崎岖而经丘""木欣欣以向荣""登东皋以舒啸"，二者又都射摄着丘陇地带的特色。（3）乙宅是面山依水，"舫舟荫门前"，所以有"久去山泽游""山涧清且浅"的诗句。甲宅的附近也是有水有山的，所以也有"或棹孤舟""窈窕寻壑""泉涓涓而始流""临清流而赋诗"的文辞。第三，就与里居的邻人之关系来说，乙宅是："漉我新熟酒，只鸡招近局。"（《归园田居》）"日入相与归，壶浆劳近邻。"（《癸卯岁始春怀古田舍》）表现了农家淳朴之和谐。甲宅是："清晨闻叩门，倒裳往自开，问子为谁与，田父有好怀，壶浆远见候，疑我与时乖。"（《饮酒·其九》）"故人赏我趣，挈壶相与至……父老杂乱言，觞酌失行次。"（《饮酒·其十四》）"农人告余以春及。"（《归去来兮辞》）也是显现田家真诚之交融。在甲乙两宅与邻人的关系情调既同，所以断定甲乙两宅为一。甲乙两宅的这种关系情调，又是显然与陶潜在戊申岁遇火后所迁居的南村不同的。《移居》诗说："昔欲居南村，非为卜其宅。闻多素心人，乐与数晨夕……邻曲时时来，抗言谈在昔。奇文共欣赏，疑义相与析。""春秋多佳日，登高赋新诗。过门更相呼，有酒斟酌之。农务各自归，闲暇辄相思。相思则披衣，言笑无厌时。"可见陶潜在南村里与邻曲来往的关系境界，较之甲乙宅是有高低之分别的：一个是"人"间的关系，一个是"同志"间的关系；一个是原始感情的交流，一个是高级理智的颤动；一个是"父老杂乱言，觞酌失行次"的对人间礼教的解放，一个是"奇文共欣赏，疑义相与析"的对智慧学问的搜求……即此分别，亦证明逯君所谓甲乙两宅，实际上是一宅。陶潜生平有二里居（一为逯君所谓之"甲""乙"两宅，一为南村）事既明，兹更论其所处之地位。

按史传称陶潜为浔阳柴桑人（《宋书》《萧传》《南史》所载悉同。《颜诔》只言浔阳陶渊明，《晋书》则不载），浔阳为现在的江西九江县治，柴桑是山名，在今九江县西南九十里。陶潜的家于柴桑即此。（又吴宗慈据《图经》"（潜）始家宜丰"。参以《新昌县志》等书，谓陶潜本宜丰（即新昌县）人，后徙柴桑。见《读书通讯·六十六期·陶渊明里居补考》——按靖节"始家宜丰"，不见正史。而吴君所据以为证之材料，尤多出自稗史，与靖节嗣堂记之类，故难于取信。兹不从。）又《宋书·陶潜传》说："江州刺史王弘欲识之，不能致也。潜尝往庐山，弘令潜故人庞通之，赍酒具于半道栗里要之。"（《萧传》作"赍酒具于半道栗里之间要之"。《南史》则与《宋书》同）《晋书·陶潜传》也说："刺史王弘甚钦迟之，后自造焉，潜称疾不见。弘每令人候之，密知当往庐山，乃遣其故人庞通等赍酒，先于半道要之。"就上所引，暗示出两个问题：（1）栗里是从柴桑到庐山去的路程中间的一个地名，绝不是陶潜的里居名。《太平寰宇记》说："柴桑山近栗里原。"
可见栗里是一个"原"名了。明乎此，则知《宋书》所谓"赍酒具于
半道栗里要之"者，即是说赍酒具于由柴桑到庐山的路程之半的
柴里原上而要之。《萧传》的"半道栗里之间"，也正是说"半道
之间栗里"，至《晋书》竟不言栗里，而云"半道要之"，是则栗里
在柴桑与庐山之间之事实，至为明显矣。(2)彼时江州的州治在
浔阳，是距离陶潜的柴桑居里很近的。所以刺史王弘得自造潜，
不过，潜称疾不见；不得已，乃绕道至栗里原上，乘潜往庐山时
而要之。即此史实，亦足证栗里之非潜故里。按陶潜的第一居
里实是"上京"。吴师道说："上京在栗里原。"《太平寰宇记》说：
"柴桑山近栗里原。"《宋书·陶潜传》说："陶潜浔阳柴桑人。"总
上三说，可得一结论：上京里的地位，是在柴桑山与栗里原的交
界边地处，所以《宋书·陶潜传》既可说"陶潜是柴桑人"，吴师
道也可说"上京在栗里原"。因为柴桑栗里，都是属于浔阳县的，
是以此二地的界限也并不十分清楚。又陶潜的第二居里为南村
（一曰南里），其地位在上京里之南，柴桑近柴里原的边缘上，
所以李公焕注说："南村，即栗里也。"何孟春注也说："眉山杨恪
曰：'柴桑之南村。'"可见南村虽在柴桑的边地上，但距栗里原
亦至近。其迁徙南村之时间，当在义熙四年六月上京里遇火以
后，古直定为义熙五年己酉（公元409年），良是。陶潜的弃世，
即在南村。《颜诔》说："（潜）卒于浔阳县柴桑里。"（《文选》
作"之某里"）。所谓柴桑里者，即柴桑山的南里（即南村）。至
《文选》作某里，那更显然是指南里了。但也有的学者主张陶潜

卒于上京里。如古直的《陶靖节年谱》便有"终焉上京"一语。这是不对的。第一，历来持此说者，一面囿于"栗里""上京"等传说中的陶潜里居之实在，另一面又对此等居里地位之究竟所在，缺乏事实上合理的证据，于是不能不妄做推测和曲解了。所以古氏有惑于还旧居之"旧"字，而谓旧居指栗里（别有新居上京、南村两处。）不知栗里本是栗里原的简称（详前考证），不是陶潜的旧居，旧居实为上京。（按陶潜仕宦六载，乙巳解归，遂不复仕。《还旧居》即作于此时。故知还旧居者，犹今日流行之时语"打回老家去"。"老家"本指原籍故里，决不涉及原籍故里中诸宅的新老之"老"事至明。）逯钦立君虽因袭古说，然其解更较古氏为纡曲穿凿。彼以旧居为上京之结论诚当，唯其推论过程，则失于牵强与无理。例如彼据"畴昔家上京，十（一作六）载去还归"二语，断定陶潜自太元二十年（公元395年）至义熙元年（公元405年）的十年仕宦期间，为居住上京之时。又谓陶潜义熙十一年重居上京，至于终老。按义熙元年至十一年，恰为十载，考其根据，亦为"畴昔家上京，十载去还归"二语。何以根据同一前提，而得性质相反的不同两种结论？（假若又是自欺欺人的话），那不是逻辑上的笑话吗？逯君为了凑合义熙元年至十一年的十年之数，所以又说自义熙二年至七年为迁居栗里之年，共计七年（按实际上只有六年），自义熙八年迁居南里，至义熙十一年重还上京，约住南里三年。这种毫无根据（由上知其"十载去还归"一语之根据基础是不巩固的、错误的）纯凭臆想的陶潜里居年数之凑算，简直是无稽到万分，如果不是清醒时的数学游戏，便是梦寐时的呓语了。又逯君根据《癸卯岁始春怀古田舍》之作，定古田舍为陶潜的故宅栗里。栗里之非陶潜的故宅，自不待论，即就诗的文义而言，亦毫无怀故宅之意。故吴瞻泰曰："题曰'怀古田舍'，故二首俱是怀古之论，前首荷蓧丈人，次首沮溺，皆田舍之可怀者也。"陶澍也说："按怀古田舍，古人文简语倒，当是于田舍中怀古也，观诗中称颜子丈人先师，可见以旧居为古，则于文为不辞。"综观以上几点，即知古逯二氏以本身含有错误的论据去推理，则其所得"少长栗里，终焉上京"（其迁居次序为：陶潜生于栗里，为州祭酒始迁上京，又徙居南里，后重返上京而终）的结论，是如何地谬误了。第二，陶潜一生是贫困的，诗有《乞食》《归去来兮辞自序》言其"瓶无积粟"。试想，时刻受着穷困压迫的人，有什么财力可以频频地迁移里居？譬如《移居》诗说："昔欲居南村，非为卜其宅。闻多素心人，乐与数晨夕。怀此颇有年，今日从兹役。"这一方面表明他对南村素心人的渴慕，另一方面也说明了他早欲迁移南村的心情。但为穷困所迫，许久未申其志，所以说"怀此颇有年"。至戊申遇火之后，夙愿始酬。可见他迁移里居之难。他既移居南村矣，何能在三四年内，又无故地迁返上京（上京里的宅舍早已被焚）？陶潜不是官僚财阀，不仅没有营造几处别墅的财力，而且"少怀高尚"的人，对于有几处里居的豪华夸张事，也无此必要与兴趣。此其一。南村是陶潜欲居的理想地方，有谈心的朋友，也有"奇文共欣赏，疑义相与析"的友人，这自然较上京里的"父老杂乱言，觞酌失行次"的环境，对于一位哲人的幽居更适合得多了。舍此适合性分的南村而还居已被火之上京，于常识人情，亦极不合。此其二。故知古逯二氏的"终焉上京"之说的无稽。

最后还要补充二点：旧说多谓上京在庐山之南（详前引陶澍说）。其谬误之因：在误玉京山为上京，上原为上京（说详前）。既误玉京为上京，则后人便伪造"醉石"古迹来曲解陶潜的诗句，牵合陶潜的故里了。又《浔阳记》《太平寰宇记》谓"栗里原在庐山之南"，亦皆以醉石为根据。《舆地纪胜·卷三十·江州门下》云："栗里源旧隐基址犹存，有陶公醉石。然山南亦有之，二事重出，故两存之。"是栗里有山南山北之说，亦以醉石为根据。详此，知后人实以伪造的"醉石"古迹来附会陶潜的故里，因之，不仅有醉石栗里之重出，而且把陶潜的里居，也硬分为上京栗里之异，是皆错中之错也，所以曾集本《陶渊明集》跋说："南康盖渊明旧游处也。栗里上京，东西不能二十里，世变推移，不可复识，独醉石隐然荒烟草树乱流中。乡来晦瓮在郡时，始克荛夷支径。植亭山巅，幽人胜士，因得相与摩莎石上，吊古怀远。"据此知所谓醉石古迹，充其最仅能视为陶潜游地，决不能以之臆定陶潜里居的所在至明。按栗里原本在庐山浔阳之间，史传载有明文，而尚移之山南；则南康之玉京山自然更容易牵合附会为上京了。顾颉刚先生一向是持中国名胜的所谓"古迹"是最不可靠之论。彼跋赵贞信河南叶县之长沮桀溺古迹辨（见《禹贡》五卷七期）里，引证了许多可笑、附会的"古迹"，并且说："我敢借此提出一个口号，凡是古迹都是靠不住的——这当然是充类至尽的话，有些过火。但是凭我的良心说，靠不住的古迹，总要占到百分之九十以上。这是我敢坚持的一点意见。"如以此种探求真理的眼光,回头来看陶潜古迹上京与栗里原,也只能和河南汤阴的羑里城,江西南昌东湖上的澹台灭明台,浙江严州临江山顶上的严子陵钓台,等量齐观,其可信的程度,只等于那块后人伪造的所谓"渊明醉石"的江中盘石了。(其辨证详前)

根据以上考证,对"上京"为陶潜的旧居事已明,现在来反观《还旧居》诗的"六载去还归,今日始复来"之句。陶澍注说:"先生始作参军,盖在己亥,至甲辰,正六年。去还归者,谓以己亥出,庚子假还,辛丑再还。甲辰服阕,又为本州建威参军。去而归,归而复去,故曰六载去还归也。此诗作于乙巳,始还居,故曰今日始复来。"陶说正中其的,以此详按陶潜仕宦出处,与诗无不悉合。

4.按今本《陶渊明集》编录体例,卷一诗四言,是以体裁编,与作诗之年月先后次序无关。卷二诗五言,是杂编。把作诗的年月先后有问题的诸诗,收在一起。卷三以下诸诗,是以年编,依诗之年月先后次序编次之。查《始作镇军参军经曲阿作》诗既编在庚子岁以前,按例知在己亥。所以陶澍也说:"其《始作镇军参军经曲阿作》诗,编于庚子之前,庚子有《庚子岁五月中从都还阻风于规林二首》诗,则作参军在庚子前可知。"庚子前,那自然是己亥了。

二、陶潜的生平

按陶潜的一生行事,可以分作三个时期,除了第一个少年时期作为后两期的准备外，仕宦与隐逸，贯串了他的生平。他在仕宦里获得的是矛盾与痛苦。他在隐逸里获得的是和谐与喜悦，从矛盾到和谐，从苦痛到喜悦，即是从入世到出世的一个自我解救的过程，正是他的生平精神之所在。

（一）少年时期

一岁至二十七岁，自晋帝奕太和二年至孝武帝太元十八年（公元367—393年）。少年时期的陶潜，有五件特殊的事是值得提的：第一，沉默的态度与高远的趣味。《颜诔》说："弱不好弄……处言愈见其默。"他自况的《五柳先生传》也说："先生不知何许人也，亦不详其姓字，宅边有五柳树，因以为号焉，闲静少言。"是他沉默态度的表现。《五柳先生传》又说："不慕荣利。"《颜诔》又说："在众不失其寡。"《宋书·陶潜传》也说："潜少有高趣。"《萧传》也说："渊明少有高趣，任真自得。"《晋书·陶潜传》也说："潜少怀高尚，任真自得，如乡邻之所贵。"（《南史》的记载同于《宋书》，《莲社高贤传》则与《晋书》同。）是他趣味高远的写真。第二，求知的态度与对知识的追求。《五柳先生传》说："好读书，不求甚解，每有会意，便欣然忘食……常著文章自娱，颇示己志，忘怀得失，以此自终。"可见他对知识的领悟与把握，不在形迹的语言文字方面，而在抽象的理意与高趣，这是他求知的态度。《萧传》说："博学，善属文，颖脱不群。"《晋书·陶潜传》也说："博学，善属文，颖脱不羁。"《始作镇军参军经曲阿作》说："弱龄寄事外，委怀在琴书。"《饮酒·其十六》诗也说："少年罕人事，游好在六经。"足见他自幼就是博学善属文的能手。对知识的追求，他也一向是认真的，所以《与子俨等疏》说："少学琴书，偶爱闲静，开卷有得，便欣然忘食。"是他对知识热诚的流露。《颜诔》说："学非称师，文取指达。"梁昭明太子《陶渊明集序》说："其文章不群，辞采精拔。跌宕昭彰，独超众类。抑扬爽朗，莫之与京。"恰是他的求知与能文的注脚了。第三，《归园田居·其一》诗说："少无适俗韵，性本爱丘山。"《与子俨等疏》也说："少学琴书，偶爱闲静……见树木交荫，时鸟变声，亦复欢然有喜。"这是他的爱好山水与离俗的胆气之自陈。第四，用世的渴望与壮志雄图。他虽然性爱丘山，委怀琴书，但也颇有用世之意，所以《拟古·其八》说："少时壮且厉，抚剑独行游。"《杂诗·其五》也说："忆我少壮时，无乐自欣豫，猛志逸四海，骞翮思远翥。"生于华夷混战时代的陶潜，身受着乱离的刺激与痛苦，故而从小就如乃祖似的立下了"澄清中原"之大志，这便是《颜诔》所说的"道必怀邦"了。他的"游好在六经"，也正是未来的治国平天下的预备。第五，《有会而作》诗说："弱年逢家乏。"《颜诔》也说："少而贫病，居无仆妾。井臼弗任，藜菽不给。"可见陶潜自幼就频于饥饿线上。这当然是他父亲早死，生活失掉了保障的缘故。这也注定了他一生与贫困挣扎的命运。但是他却不以贫为苦恼，所以《始作镇军参军经曲阿作》说："弱龄寄事外……被褐欣自得，屡空常晏如。"

（二）用世时期

二十七岁至三十九岁，自太元十八年至安帝义熙元年（公元

393—405年）。《饮酒·其十九》诗有"投耒去学仕……是时向立年"之句，故知陶潜初仕之时，当在彼年二十六岁至三十岁期间，今定其初仕时为二十七岁（说详前）。又作《饮酒》诗之年，据考在义熙元年乙巳，而《饮酒·其十六》诗中有"行行向不惑"语，知潜岁时亦未至四十，今定为三十九。从二十七到三十九适为十二年，与《饮酒·其十六》诗"亭亭复一纪"之说正合。

1.仕宦第一期　江州祭酒期。二十七岁，太元十八年（公元三九三年）。《晋书·陶潜传》说："亲老家贫，起为州祭酒，不堪吏职，少日自解归。"（《宋书》《萧传》《南史》所载悉同。）

2.故乡幽居第一期　二十七岁至三十三岁，自太元十八年至安帝隆安三年（公元393—399年）。《晋书·陶潜传》说："州召主簿，不就，躬耕自资，遂抱羸疾。"（《宋书》所记亦同。《萧传》于"遂抱羸疾"下，接叙江州刺史檀道济往侯馈粱肉事，则失于不考。按道济为江州刺史系刘宋文帝元嘉中事（说详后），实不应书于此时。（《南史》从萧说，实误。）《颜诔》也说："初辞州府三命。"

3.仕宦第二期，镇军参军期　三十三岁至三十五岁，自隆安三年至隆安五年（公元399—401年）。《晋书·陶潜传》说："复为镇军参军。"（《宋书》《萧传》《南史》均同。）《始作镇军参军经曲阿作》说："时来苟冥会，宛辔憩通衢。"庚子岁从都还，次年作《辛丑岁七月赴假还江陵夜行涂口》。

4.故乡幽居第二期　三十五岁至三十八岁，自隆安五年至元兴三年（公元401—404年）。按陶潜辛丑岁（隆安五年）七月赴假还江陵,而《祭程氏妹文》又说:"昔在江陵,重罹天罚……萧萧冬月。"知潜于是年在江陵丁内艰,旋返故里居忧。所以有《癸卯岁始春怀古田舍》《癸卯十二月中作与从弟敬远》。《癸卯十二月中作与从弟敬远》说:"寝迹衡门下,邈与世相绝,顾盼莫谁知,荆扉昼常闲。"正是此期生活的映照。

5.仕宦第三期 三十九岁,义熙元年(公元405年)。

(1)建威参军期 义熙元年三月至八月。《晋书·陶潜传》说:"复为建威参军。"(《宋书》《萧传》《南史》所载均同。)有《乙巳岁三月为建威参军使都经钱溪》诗一首。

(附):建威将军之为何人?约有二说:(1)吴斗南以为是年刘怀肃以建威将军为江州刺史,陶潜实参怀肃军事,从讨逆党于江陵。(2)陶澍以为建威将军为刘敬宣。彼驳斗南之说云:按斗南之说,盖据《晋书》,义熙元年三月,桓振袭江陵,荆州刺史司马休之奔于襄阳,建威将军刘怀肃讨振,斩之。而陶潜诗题云:乙巳三月为建威将军使都,故遂以此事当之。考怀肃虽号建威将军,而时为淮南历阳二郡太守,非江州刺史。江州刺史则敬宣以建威将军为之,镇浔阳,已先在甲辰岁(见《晋书·陶潜传》)。陶潜为江州柴桑人,得佐本州戎幕,且素参牢之军事,敬宣为牢之子,与潜世好,其时辟先生,盖有由也。斗南谓先生从讨江陵,亦与题云使都相戾,使都何能从讨乎?考之史传,则自以陶说为是。

(2)彭泽令期 义熙元年八月至十一月。《晋书·陶潜传》说:"谓亲朋曰:'聊欲弦歌,以为三径之资,可乎?'执事者闻之,以为彭泽令。在县公田，悉令种秫谷，曰：'令吾常醉于酒足矣。'妻子固请种秔，乃使二顷五十亩种秫，五十亩种秔。素简贵，不私事上官，郡遣督邮至，县吏白应束带见之。潜叹曰：'吾不能为五斗米折腰，拳拳事乡里小人邪。'义熙二（应作一）年，解印去县，乃赋《归去来》。"（《宋书》《萧传》《南史》《莲社高贤传》所载大致相同。）《归去来兮辞序》说："余家贫，耕植不足以自给。幼稚盈室，瓶无储粟，生生所资，未见其术。亲故多劝余为长吏，脱然有怀，求之靡途。会有四方之事，诸侯以惠爱为德，家叔以余贫苦，遂见用于小邑。于时风波未静，心惮远役，彭泽去家百里，公田之利，足以为酒，故便求之。及少日，眷然有归欤之情。何则？质性自然，非矫厉所得。饥冻虽切，违己交病。尝从人事，皆口腹自役。于是怅然慷慨，深愧平生之志。犹望一稔，当敛裳宵逝。寻程氏妹丧于武昌，情在骏奔，自免去职，仲秋至冬，在官八十余日。因事顺心，命篇曰《归去来兮》。乙巳岁十一月也。"

陶潜用世的结果，获得的是苦痛与烦恼，"质性自然"固然是他"不能为五斗米折腰"与俗人冲突的症结之所在，而"口腹自役"的生活也与他少年时期所幻构的壮志雄图相违，所以当诗人踏进现实社会时，一切英雄式的壮阔之幻想，便已成过去，于是不能不"怅然慷慨，深愧平生之志"。所以《颜诔》说："后为彭泽令，道不偶物，弃官从好，遂乃解体世纷，结志区外，定迹深栖，于是乎远。"到此也只好退隐避世了。

（三）隐居时期　三十九岁至六十一岁，自晋义熙元年至刘宋文帝元嘉四年（公元405—427年）。人世的束缚既然不适合他的质性自然，所以他不再用世，《宋书·陶潜传》说："义熙末，征著作佐郎不就。"(《萧传》《晋书》作著作郎。《南史》与《宋书》同)到大自然里去搜寻安慰。《晋书·陶潜传》说:"既绝州郡觐谒……未尝有所造诣,所之,唯至田舍及庐山游观而已。"因为他解体世纷,结志区外,是以他拒绝与当时的要人来往,《晋书·陶潜传》说:"刺史王弘以元熙中临州,甚钦迟之,后自造焉,潜称疾不见,既而语人曰:'我性不狎世,因疾守闲,幸非洁志慕声,岂敢以王公纡轸为荣邪!夫谬以不贤,此刘公干所以招谤君子,其罪不细也。'"他也遗弃了人世间的荣华,《晋书·陶潜传》说:"弘要之还州,问其所乘,答云:'素有脚疾,向乘篮舆,亦足自反。'乃命一门生二儿共舁之至州,而言笑赏适,不觉其有美于华轩也。弘后欲见,辄于林泽间候之。"日沉酣于醉乡里,《晋书·陶潜传》说:"弘每令人候之,密知尝往庐山,乃遣其故人庞通之等赍酒,先于半道要之,潜既遇酒,便引酌野亭,欣然忘进,弘乃出与相见,遂欢宴穷日。"(《宋书》《萧传》《南史》所记大致相同。)《宋书·陶潜传》也说:"先是颜延之为刘柳后军功曹,在浔阳与潜情款,后为始安郡,经过浔阳,日造渊明饮焉。每往必酣饮致醉……临去,留二万钱与潜,潜悉送酒家,稍就取酒。尝九月九日无酒,出宅边菊丛中,坐久,值弘送酒,即便就酌,醉而摸归……贵贱造之者,有酒辄设。潜若先醉,便语客:'我醉欲眠,卿可去!'其真率如此。郡将尝候潜,值其酿熟,取头上葛巾漉酒,漉毕,还复著之。"(《萧传》《南史》所载亦同。)《晋书·陶潜传》也说:"其亲朋好事,或载酒肴而往,潜亦无所辞焉。每一醉,则大适融然。又不营生业,家务悉委之儿仆,未尝有喜愠之色,惟遇酒则饮。"《莲社高贤传》也说:"时远法师与诸贤结莲社,以书招渊明，渊明曰：'若许饮则往。'许之，遂造焉。"他不仅在幽玄的方面，拨转了染尘的心灵之风帆，面向着形而上的境界驰骋，追求玄贵的理趣，《宋书·陶潜传》说，"潜不解音声，而蓄素琴一张，无弦，每有酒，适辄抚弄以寄其意。"（《萧传》《南史》亦同。）《晋书·陶潜传》也说："性不解音，而畜素琴一张，弦徽不具；每朋酒之会，则抚而和之，曰：'但识琴中趣，何劳弦上声。'"（《莲社高贤传》亦同）而且在具体的表现上他也远离世人，所以《萧传》说："时周续之入庐山，事释惠远，彭城刘遗民亦遁迹匡山，渊明又不应征命，谓之浔阳三隐。"及刘裕建宋以后，隐逸之志愈坚，《宋书·陶潜传》说："自以曾祖晋世宰辅，耻复屈身异代，自高祖王业渐隆，不复肯仕。"（《萧传》《南史》所载均同。）《萧传》也说："江州刺史檀道济往候之，偃卧瘠馁有日矣。道济谓曰：'贤者处世，天下无道则隐，有道则至。今子生文明之世，奈何自苦如此？'对曰：'潜也何敢望贤，志不及也。'道济馈以粱肉，麾而去之。"（《南史》亦同。按江州刺史檀道济往候一段，二传均载于"州召主簿，不就"下，非是，说考详后。）他虽有倔强的耻复屈身异代之意志，但也停止不住时运大化的流行，所以诗人终于死在他所厌恶的这个时代里，《宋书·陶潜传》说："潜元嘉四年卒，时年六十三（？）。"《晋书·陶潜传》也说："以宋元嘉中卒，时年六十三（？）。"这是陶潜的一大悲哀。

《颜诔》说："有晋征士浔阳陶渊明，南岳之幽居者也。弱不好弄，长实素心，学非称师，文取指达。在众不失其寡，处言愈见其默。少而贫病，居无仆妾，井臼弗任，黎菽不给。母老子幼，就养勤匮，远惟田生致亲之议，追悟毛子捧檄之怀，初辞州府三命，后为彭泽令，道不偶物，弃官从好，遂乃解体世纷，结志区外，定迹深栖，于是乎远。灌畦鬻蔬，为供鱼菽之祭，织绚纬萧，以充粮粒之费。心好异书，性乐酒德，简弃烦促，就成省旷，殆所谓国爵屏贵，家人忘贫者与？"《困学纪闻》说："陶公粟里前贤题咏，独颜鲁公一篇令人感慨。今考鲁公诗云：'张良思报韩，龚胜耻事新。狙击不肯就，舍生悲缙绅。呜呼陶渊明，弈叶为晋臣。自以公相后，每怀宗国屯。题诗庚子岁，自谓羲皇人，手持山海经，头戴漉酒巾。兴逐孤云外，心随还鸟泯。'"的确能透视出他这种化矛盾为和谐的人生场面。他既在现实社会里体验过实际的人生痛苦，他也能在大自然的田园里解脱人间烦恼，寻求心灵的愉悦，从苦到乐，从人间到自然的两个不同圈子的转移与飞跃，完成了他"逃"的人生典型了。

第二节　陶潜的生活

诗既是生活的反映，也是时代的映照，所以前章山水田园诗兴起的时代背景，是在纵的方面对于陶诗与时代关系的叙述，本节的陶潜生活，是从横的方面对于陶潜创作田园诗的背景之探求。在陶潜的生活里，不仅显现着他纯洁高远的人格，而且也映射出他如何由人世间的矛盾，返归到大自然和谐中来的巨影。他在大自然和谐的洋溢涵融里，发现了大自然的美，也创制了田园诗。

一、陶潜的生活在哲学上之根据

思想是生活的本源,哲学是思想的结晶,因之在陶潜的冲淡孤高、朴真的生活里,自有其哲学上的根据在。

1.宇宙的二元论

陶潜以为宇宙的构成有二元素,一为物质,一为精神,所以说"天地长不没,山川无改时"是对物质洋溢的宇宙之肯定,"草木得常理,霜露荣悴之。谓人最灵智,独复不如兹",是对生命流行的精神宇宙之认识。精神与物质,二者虽然在表现上为不同的差别行相,但在构成完满的宇宙之范畴里,同样真实,二者各持有独特的领域,并存不悖,而不能彼此化除。物质与精神的分别,除了这两个名词概念本身的内涵之差异特性不论外,就动的物性运用与表现上说:

第一,物质宇宙中的一切之"能",均有由高位变于低位的趋向,以迄消灭为止。所以陶潜说"客养千金躯,临化消其宝"(《饮酒·其十一》),"死去何所道,托体同山阿"(《拟挽歌辞·其三》),可见物质的躯体,在其由成到毁的过程里,完全符合着从高位的能变为低位的能的规律。如此流传递嬗,世界不就变作一座冰山了吗?在补救世界将沦为冰山的缺陷里,却反映出生命宇宙的价值。生命的意义,它不是说明躯体的由成到毁,而是启示着躯体的由生到成。例如生物有自己制造养料的能力,它是能化低位的能,而变为高位的能的。可见由高位的能到低位的能,是物质宇宙的机械程序,由低位的能到高位的能,是精神宇宙的生命历程。

第二,一切物质现象寄于自然界中,但自然界系受普遍因果律的支配,故物质现象多示必然性。例如,人生必有死,是自然界普遍因果律的实施。陶潜体验到此点,所以《影答形》说:"存生不可言……身没名亦尽……"《神释》说:"老少同一死,贤愚无复数。"《连雨独饮》也说:"运生会归尽,终古谓之然,世间有松乔,于今定何间。"精神现象则不然,它的特点在冲破普遍的因果锁链,而有创造新奇性。例如陶诗说:"世短意常多,斯人乐久生。"(《九日闲居》)世短意多,是完全违背自然规律的现象。又说"情通万里外"(《答庞参军》)。是精神活动超越了时空限制的说明。

第三,物质为空间现象,散漫而无目的,所以陶潜说:"形迹滞江山"(《答庞参军》)。又说:"形迹凭化往,灵府长独闲。"(《戊申岁六月中遇火》)。精神是时间现象,是紧张而有集中之目的。所以陶潜又说:"道丧向千载,今朝复斯闻。"(《示周续之祖企谢景夷三郎》)。"天道幽且远,鬼神茫昧然。"(《怨诗楚调示庞主簿邓治中》)此处之所谓道,自然是指精神活动之最高状态。可见精神与物质的差别,乃由力量的集中与否而定。物质为毫无目的、毫不紧张的存在;精神则为有紧张、有目的的现象,它储存力量,在时间上以勇往直前的精神发泄出来。是以宇宙的精神现象,若任其堕落,则一变而为物质状态,若把物质的空间性化为时间性, 集中紧张, 向一目标进行, 则一切物质状态可变为精神现象。由此认识, 陶潜乃肯定宇宙为层叠, 分为形而上与形而下的两重境界 (即精神与物质二境界), 在形而上的精神境界上, 附丽着真善美的价值境界, 在形而下的物质境界里, 则无善美之可言。但是就心物二重境界的关系来说, 物质是精神的基础。《庚戌岁九月中于西田获早稻》说:"人生归有道, 衣食固其端。孰是都不营, 而以求自安?" 可见人生虽以道的精神境界为向往的归宿, 然而物质的衣食却是人生的开始。所以《移居》说:"衣食当须纪, 力耕不吾欺。"物质虽然是精神的基础, 但是超过了它一定的限度, 物质便失去了基础精神的力量, 所以《和刘柴桑》说:"耕织称其用, 过此奚所须?"《和郭主簿》说: "园蔬有余滋, 旧谷犹储今。营己良有极, 过足非所钦。" 可见人的最低生计解决以后, 物质便失其力量, 精神境界竟是人唯一仰望与追求的东西。所以《扇上画赞》说:"饮河既足, 自外皆休, 缅怀千载, 托契孤游。" 不过心物的境界之间, 是有漫长距离的, 《饮酒》诗之十三说:"有客常同止, 取舍邈异境, 一士常独醉, 一夫终年醒, 醒醉还相笑, 发言各不领。" 在精神与物质相异的境界中各自追求也不同的人们之中, 扮演着"发言各不领"的悲剧, 同时也反映着心物间不可缩短的距离。即就个人而论, 在从物质境界超越到精神境界的过程里, 经过了一个心物交战的苦痛历程, 所以《咏贫士·其五》说:"贫富常交战, 道胜无戚颜。" 但是结果毕竟是"道胜", 精神战胜了物质, 并且遗弃了形下的物质, 去摄获形上的精神理趣。《与子俨等疏》说:"开卷有得, 便欣然忘食。""形骸久已化，心在复何言。"（《连雨独饮》）"不觉知有我，安知物为贵"（《饮酒·其十四》），正是这种奇趣兴味的说明。所以真正完满的人生，不仅在物质境界里求真，并且也在精神境界里求美向善，集美善于一身，而为至善。从物质境界的层层超脱解放，至善美的价值境界，这才是人生的宝贵意义和价值。所以《癸卯岁始春怀古田舍》说："先师有遗训，忧道不忧贫，瞻望邈难逮，转欲心长勤。"是他对精神宇宙的肯定与向往，《咏贫士·其四》说："朝与仁义生，夕死复何求。"《感士不遇赋》说："原百行之攸贵，莫为善之可娱。"是他对于价值境界的追求。但是就在精神价值的追求里，却扩大了小我的生命范围，而对自我起一种伟大感觉。因为有一种精神境界是超越在物质宇宙之上的，以此理念的力量为皈依崇拜的归宿，小我的生命与伟大的宇宙生命相合，超越了物质世界的种种束缚，实具有解放作用。《饮酒·其十四》说："山气日夕佳，飞鸟相与还。此中有真意，欲辨已忘言。"这是他神遇醉酣在浑厚、磅礴的大自然的美里，感到小我的生命与宇宙大我的生命合体，《读〈山海经〉·其一》说："俯仰终宇宙，不乐复何如？"是对小我伟大价值的肯定，与生命的欢欣鼓舞。可见在精神境界的获得里，始能发扬人生的最高价值。陶潜既然对宇宙有二元的肯定，连带着也就对宇宙分别层次，分别宇宙层次的真伪、善恶、美丑的价值。他不仅分别宇宙层叠价值的高低，并且抱着宗教家般的伟大之热诚，看清物质境界的低级价值，超脱解放，身体力行，以达高级的尽善尽美的精神之道境，与宇宙的真善美合而为一，再俯视人间世，则觉其为虚伪与片断的幻境而已。陶潜一生的行事思想，即以此为基础。

2.宇宙的和谐观

陶潜虽然肯定宇宙为精神与物质的二元论，但这二者并不是矛盾的、对立的，而是和谐地相依而存。因为从物质世界开始，层层超脱解放，终以精神世界为归宿。在层叠的超脱解放之辩证历程里，是由低级的矛盾化为高级的和谐，表示着一个宇宙演进的和谐程序。即就精神与物质的关系而言，在价值的判断上，虽然高贵的一层是精神境界，低贱的一层是物质领域，但物质犹不失为精神的基础。只有在物质生活里，才能衡量出精神价值的高贵，在精神层层的无限发扬里，才能反映出物质生活的真意义。物质与精神，这二者实在构成了一个大和谐的关系。由于此种精义的引申，所以陶潜乃有宇宙为一大和谐场合的肯定。《九日闲居》说："日月依辰至。"《咏贫士·其一》说："万族各有托。"《读〈山海经〉·其一》说："孟夏草木长，绕屋树扶疏，众鸟欣有托，吾亦爱吾庐。"《与子俨等疏》说："见树木交荫，时鸟变声，亦复欢然有喜。"可见不仅宇宙万物中间洋溢着各得其当的安定与和谐，而且物我之间也颤动着交感和同情。但是，当人面对着秩序和谐的宇宙永恒时，也很容易激荡起情绪矛盾与人生短暂的感觉，所以《归去来兮辞》说："木欣欣以向荣，泉涓涓而始流。善万物之得时，感吾生之行休。"可见在"善万物之得时"的大和谐里，立刻便发生了"吾生行休"的矛盾感觉，不过，宇宙的秩序终属和谐、永久，所以陶潜也就旋即超越了这个矛盾的范畴, 而说: "已矣乎! 寓形宇内复几时, 曷不委心任去留?" 在 "委心任去留" 的解脱里, 陶潜又超升皈依到宇宙的大和谐里来了。可见宇宙和谐的肯定, 也做了构成陶潜生活的基础。

3.宇宙的 "化" "运" 观

陶潜对宇宙观察体验的结果, 就空间的质素言, 他肯定了心物二元论, 就空间里所含包的万物之间关系来说, 他又肯定了宇宙的和谐观。可是当他掉转了心灵的慧眼, 离开永恒的空间而向着永恒的时间去搜寻追求时, 他又发现了宇宙 "化" "运" 的真实。宇宙的大化, 是永恒的时间之本体, 在连续的、短暂的时间流迁的表象里, 虽有过去、现在、未来的分别, 但是现在马上就变为过去, 未来又立刻变为现在, 就在如此时阶的变迁流转生灭幻象里, 却构成永久不变的时间本体之永恒。所以就方便上讲, "大化" 即是 "时间本体" 的定名。时间又是永远地前进而不倒流的, 所以宇宙万物, 它们既在时间之流里生, 也在时间之流里死, 在由生到死的过程里, 也是顺了时流而演进, 绝不会由现在再回到过去, 也即是不能由死的时点再回到生的时流, 这是时间大化之威力, 也是人的生之悲哀。《饮酒·其十九》说: "冉冉星气流。"《咏二疏》说: "大象转四时。" 是大化运行的表现。《于王抚军座送客》说: "情随万化遗。"《悲从弟仲德》说: "翳然乘化去, 终天不复形。"《始作镇军参军经曲阿作》说: "聊且凭化迁。"《还旧居》说: "常恐大化尽, 气力不及衰。"《戊申岁六月中遇火》说: "形迹凭化往。"《己酉岁九月九日》说: "万化相寻绎, 人生岂不劳?"《读〈山海经〉·其十》说: "化去不复悔。"

《归去来兮辞》说："聊乘化以归尽。"这是人力不能胜天，而终归纳入随大化而生灭成毁的范畴之说明。然而在人的由生到死，事物的由成到毁的过程中，在时间现象上表现了三个阶段：少壮老、始中终的三过程。少始是完成壮中的准备，也即是壮中的起点，虽然就时机上说，此时条件尚未成熟具备，就本体上说，尚未充实完满，但是就生气上说，确实象征着一股蓬勃的朝气，和吐露着欣欣向荣的生机。这代表着宇宙吉祥的一面。老终是壮中的过渡，是壮中的尾声。在时机上，此时条件已由成熟完备至缺陷，失掉了"时中"的意义，在本体上它也由充实完满的"盛"变到贫乏枯竭的"衰"，至于生机那更谈不到了，这代表着宇宙凶祸的一面。只有中壮阶段的片刻，是完美充实鼎盛的刹那，不仅在时间上符合着"时中"之义，而且在空间里也发挥出本体的最高价值。可知宇宙万物在漫长悠久的大化之流里，呈露着前中后、少壮老的三个阶段，以中壮的阶段做顶峰或分划点，便看出前后少老两段象征着截然相反的吉凶福祸的两过程。从吉福到凶祸的历程，陶潜则名之曰"运"。所以《连雨独饮》说："运生会归尽，终古谓之然。"可见运虽是时间现象，但里面却含摄着祸福吉凶生尽，这是与无吉凶善恶的大化所不同的地方。例如以年做单位的时运来说吧，一年中包含有春夏秋冬四个段落（即四季），春夏二季象征着万物的由生到成，秋冬二季代表着万物的由成到毁，所以在一年的时运里，实寓有盛衰祸福吉凶的意味。因之迎春悲秋的思想，自然反映着对盛衰时运的褒贬了。陶潜《时运诗序》说："时运，游暮春也。春服既成，景物斯和，偶景独游，欣慨交心。"是对春之段落时运之歌咏。《蜡日》诗说："风雪送余运，无妨时已和。"是对冬之段落时运之叹嗟。陶潜虽然体验与肯定时流中的"运"，但有时候也抱了一颗置生死祸福于度外的心灵，力求对"运"之解脱，所以《酬刘柴桑》说："穷居寡人用，时忘四运周。桐庭多落叶，慨然知已秋。"然而陶潜生非其时，又加少而贫病，所以对于运之穷促乖违，毕竟也未能忘怀，因此《杂诗·其七》说："弱质与运颓，玄鬓早已白。"《赠羊长史》说："人乖运见疏。"他对于儿子的愚鲁不尚，也委之于运使然。《责子》说："虽有五男儿，总不好纸笔……天运苟如此，且进杯中物。"甚至于对人生穷通的评论，也以运作为衡量的标准，《晋故征西大将军长史孟府君传赞》说："君清蹈衡门，则令闻孔昭，振缨公朝，则德音允集。道悠运促，不终远业，惜哉！仁者必寿，岂斯言之谬乎！"由上所论，可知化运虽同在时间观念里而存在，但是一为现象，一为本体。大化既是时间的本体，所以无善无恶，运只为时间现象，所以有吉凶善恶高下价值的判别。《岁暮和张常侍》说"穷通靡攸虑，憔悴由化迁"，是对大化无善恶的肯定；"抚己有深怀，履运增慨然"，是对运有吉凶高下价值的认识。《神释》也说："大钧无私力，万理自森著……甚念伤吾生，正宜委运去，纵浪大化中，不喜亦不惧……"《自祭文》也说："识运知命，畴能罔眷，余今斯化，可以无恨。"看这"大钧无私，纵浪大化，不喜不惧"，与"余今斯化，可以无恨"，也指明了大化的无善无恶，"甚念伤生，正宜委运"和"识运知命"，也恰是对运有高下善恶价值的说明。在大化的本体上，才显现出生生灭灭的运之现象, 也只有在运之生灭现象里, 才看出大化本体之永恒。总之, 在化运的流迁里创造着一切, 但也毁灭了一切, 构成功宇宙一个生生不已的过程。陶潜就在如此化运的概念里, 孕育了他的生活。

二、陶潜生活的两种基本精神——"超"与"执"

陶潜在哲学思想上肯定宇宙有形上形下的两重境界, 所以此思想反映到生活里, 也表现为两种不同的精神: 一种是超脱、解放, 一种是严正、执着; 一种契合的是形上的宇宙, 一种符合的是形下的领域。这两种精神的来源, 真西山说:"予闻近世之评诗者曰, 渊明之辞甚高, 而其旨出于老庄, 康节之辞若卑, 而其旨则原于六经。以余观之, 渊明之学, 正自经术中来, 故形之于诗, 自有不可掩……虽其遗荣辱, 一得丧, 真有旷达之风, 细玩其辞, 时亦悲凉感慨, 非无意世事者。"吴临川《跋朱子书陶诗》亦云:"朱子尝言陶靖节见趣, 多是老子。"可见陶潜的基本精神, 据一般人看来, 一是源于老庄, 二是出自儒学。因为老庄讲天道, 是精神超脱解放的根本, 是相同于陶潜对形上宇宙的肯定; 儒家讲人道, 是现实生活执着严正的源泉, 是相同于陶潜对形下宇宙的认识。超脱与执着, 老庄与儒学, 虽是相反而矛盾的概念, 但是在陶潜的生活里, 却化成实质的和谐。《五柳先生传》说:

先生不知何许人也, 亦不详其姓字, 宅边有五柳树, 因以为号焉。闲静少言, 不慕荣利。好读书, 不求甚解; 每有会意, 便欣然忘食。性嗜酒，家贫不能常得。亲旧知其如此，或置酒而招之，造饮辄尽，期在必醉，既醉而退，曾不吝情去留。环堵萧然，不蔽风日；短褐穿结，箪瓢屡空，晏如也。常著文章自娱，颇示己志。忘怀得失，以此自终。

　　这是陶潜自我的写照，也是前一种超脱解放的生活精神之自陈。在这一篇传里，看他以五柳为号和不慕荣利，是对于现实世界价值之否定。读书不求甚解，和会意忘食，是对于精神宇宙的向往与追求，《宋书·陶潜传》所谓："性不解音，而畜素琴一张，弦徽不具，每朋酒之会，则抚而和之，曰：'但识琴中趣，何劳弦上声。'"也正是追求精神宇宙理趣的注脚。性嗜酒，与造饮必醉，是要求精神的超脱解放，以酒去做遗弃人世间而达到虚无缥缈醉乡的另一世界的过渡桥梁。例如《连雨独饮》诗说："故老赠余酒，乃言饮得仙。试酌百情远，重觞忽忘天。天岂去此哉，任真无所先。"《饮酒·其十四》诗也说："不觉知有我，安知物为贵。悠悠迷所留，酒中有深味。"这是酒中的实际理地，可说是达到精神解放的顶点了。至于箪瓢屡空晏如也，是为了追求精神自由，不得不降低了现实生活的物质享受之表现。常著文章自娱，是寻求小己精神的愉悦与安慰。结果是忘怀得失，孕育出超脱解放的生活精神，这是他生活相通于庄老的一面。相反地，在另一面，他不仅不超脱、解放，而且是执着、严正、拘谨。《宋书·陶潜传》说："自以曾祖晋世宰辅，耻复屈身异代。自高祖王业渐隆，不复肯仕。所著文章，皆题其年月，义熙以前，则书晋氏年号，自永初以来，唯云甲子而已。"看其对现实名位的取舍，是如何严正、执着？对君臣之分的分别是如何严肃、不苟？《五柳先生传》说："既醉而退，曾不吝情去留。"《饮酒·其二十》说："但恨多谬误，君当恕醉人。"是生活态度拘谨的表现。《晋书·陶潜传》说："郡遣督邮至，县吏白应束带见之，潜叹曰：吾不能为五斗米折腰，拳拳事乡里小人邪。解印去县。"是生活精神执着而不能超脱的象征。所以真西山说渊明之学，正自经术中来。梁启超也说渊明是一位极严正、道德心极重的人，对于身心修养，常常用功，不肯放松自己。这都是就陶潜的生活精神接近于儒家方面而言。但是历来的学者，都是受了传统儒学的熏陶，所以对老庄儒家的观念，就不能不有所轩轻。因此，一般人均以为像陶潜这样孤高而有节操的人，其精神来源应为儒家，不应出于庄老，是以陶潜为儒家抑为道家的问题，也发生着争执。例如朱熹说陶潜是道家，真西山则主张他是儒者。何孟春曰："以靖节为老庄，语出朱子，而真氏为之辨如此。盖朱语门人所录，未可信，靖节人品，未可轻议。"吴临川《跋朱子书陶诗》也说："朱子尝言陶靖节见趣，多是老子，意此直晦庵一时所见如此耳。非遂有所贬也。"其实这些争执完全是多余的，陶潜是儒家，也未必能提高了身份，是道家，也未必能有所贬值。陶潜自己说："遥遥沮溺心，千载乃相关。"（《庚戌岁九月中于西田获早稻》）"沮溺"产生于道家思想流行的楚国，他们又是讥笑孔子，而自称"辟世之士"的，陶潜竟以沮溺自比，这不是道家的自认吗？又《饮酒·其二十》说：

羲农去我久，举世少复真。汲汲鲁中叟，弥缝使其淳。凤鸟虽不至，礼乐暂得新。洙泗辍微响，漂流逮狂秦。诗书复何罪？一朝成灰尘。区区诸老翁，为事诚殷勤。如何绝世下，六籍无一亲！终日驰车走，不见所问津。……

　　可见陶潜对于孔子新礼乐的功业是非常感兴趣的。"如何绝世下，六籍然一亲"，是儒学不行之叹。"终日驰车走，不见所问津"，则又以继承儒家不绝如缕的道统自负了。由此看来，陶潜既是道家，也是儒者，朱真二氏，仅各自看到陶潜精神的一面。陶潜虽然带有庄老的色彩，但并不同意正始以来的清谈佯狂和放浪形骸的人生态度，所以说"摆落悠悠谈，请从余所之"（《饮酒·其十二》）"不学狂驰子，直在百年中"（《拟古·其二》）。而主张严正拘谨，所以在实践上渴望着进德与律己的精神。如《辛丑岁七月赴假还江陵夜行涂口》说："养真衡茅下，庶以善自名。"又陶潜虽不失儒家的本色，但极厌恶两汉以来局促于章句训诂的"小儒"生活，而主张精神的大解放，因之《五柳先生传》说："好读书，不求甚解。"《饮酒·其二十》也说："区区诸老翁，为事诚殷勤。"沈德潜评曰："'为事诚殷勤'五字，道尽汉儒训诂。"《移居》诗说："奇文共欣赏，疑义相与析。"蒋薰曰："读疑义相析，知渊明非不求解，但不求甚解以穿凿耳。"故知陶潜对儒家所追求的是道义，而非其文字之糟粕，《荣木·其四》说："先师遗训，余岂之坠？四十无闻，斯不足畏。脂我名车，策我名骥。千里虽遥，孰取不至！"《荣木序》也说："荣木，念将老也……总角闻道，白首无成。"试想，所欲至者何所？所欲成者何事？那指的当然是对儒家道义的探寻了。由此可暗示出在任何学派里,是往往分为左右两支派的。左支派是情胜于理,可说是激进的;右支派是理胜于情,可说是缓进的。所以同在老庄思想的熏染里,可以产生魏晋易代之际诸贤的佯狂清谈、放情肆志的人生形式,这是激进派。也可以产生娴静少言、孤高谨慎的陶潜之生活精神,这是缓进派。同受儒家思想的洗礼中,可以产生促局于训诂章句里的两汉小儒,也可以产生一反前人所为,读书不求甚解,而只在"会意"的陶潜之求知态度。这也正表现着左右派的分别。可见陶潜在庄老的阵营里,他是右派,在儒家的学者中,他又是左派了。在道儒对立、天人对立的两个矛盾范畴里,陶潜却作为接渡二者的桥梁,是能化矛盾为和谐的。这也正显露出"超"与"执"的生活精神如何由矛盾到和谐的过程。陶潜在哲学思想上既肯定宇宙是心物对立,又肯定宇宙是一个大和谐的场合,所以孕育出超脱与执着的两种相反、对立的生活精神,这两种精神在庄老与孔子的学说里是能找到印证,在儒道的思想系统里也获得了根源与基础的,但也透过陶潜的生命之流,去符合着宇宙和谐的秩序,而得到和谐的成功。所以只有在超执的精神把握里,才能看出陶潜生活的丰富、生动和他的人格价值的所在。

三、陶潜的情感生活

陶潜虽然在生活态度上是孤寡沉默,在生活精神上是忘怀得失,在人生形式上是理胜于情,但是他并不是一位寡情人。他的情感是内蕴的、含蓄的，不是外露的，因此他内在的热情也不容易为人所看出。梁启超说他是缠绵悱恻最多情的人，真是他的旷代知己。因为陶潜对人世间的一切都可以超脱，只有对情感的生活，他是那么执着、那么真实，但也使他那么痛苦。例如他因为解救家庭的饥饿和贫困，甘愿乖违自己的性情去投耒学仕，《归去来兮辞序》说："饥冻虽切，违己交病。"这是因为"母老子幼，就养勤匮"，而付出苦痛的代价与精神的牺牲。《庚子岁五月中从都还阻风于规林二首》说："行行循归路，计日望旧居，一欣侍温颜，再喜见友于……江山岂不险？归子念前途。凯风负我心，戢楪守穷湖。""久游恋所生，如何淹在兹。"写出了归省的急切之情，对母亲的热爱，对兄弟的怀念。《祭从弟敬远文》更表现出他情爱的热烈浓挚：

　　……从弟敬远，卜辰云窆，永宁后土。感平生之游处，悲一往之不返，情恻恻以摧心，泪愍愍而盈眼。乃以园果时醪，祖其将行。呜呼哀哉！

　　于铄吾弟，有操有概。孝发幼龄，友自天爱……年甫过立，奄与世辞，长归蒿里，邈无还期。

　　惟我与尔，匪但亲友，父则同生，母则从母。相及龆龀，并罹偏咎。斯情实深，斯爱实厚。念畴昔日，同房之欢，冬无缊褐，夏渴瓢箪。相将以道，相开以颜，岂不多乏，忽忘饥寒。余尝学仕，缠绵人事。流浪无成，惧负素志。敛策归来，尔知我意，常愿携手，置彼众议。每忆有秋，我将其刈。与汝偕行，舫舟同济。三宿水滨，乐饮川界，静月澄高，温风始逝。抚杯而言，物久人脆，奈何吾弟，先我离世。

事不可寻，思亦可及，日徂月流，寒暑代息。死生异方，存亡有域。候晨永归，指涂载陟。呱呱遗稚，未能正言。哀哀嫠人，礼仪孔闲。庭树如故，斋宇廓然。孰云敬远，何时复还？余惟人斯，昧兹近情。蓍龟有吉，制我祖行。望旐翩翩，执笔涕盈，神其有知，昭余中诚。呜呼哀哉！

看他这篇柔肠百转、缠绵悱恻的祭文，在情感上给人以多大的感动？"情恻恻以摧心，泪愍愍而盈眼"，是他悲痛悼伤的眼泪，也是他兄弟友爱的热情（又有《悲从弟仲德》诗一首，亦极哀婉之致。梁启超说："先生殆无同怀兄弟。其从弟名见集中者：一敬远，一仲德。皆先先生卒，未审为一为二。"）。又《祭程氏妹文》说：

程氏妹服制再周，渊明以少牢之奠，俯而酹之。呜呼哀哉！寒往暑来，日月寝疏。梁尘委积，庭草荒芜。寥寥空室，哀哀遗孤。肴觞虚奠，人逝焉如。谁无兄弟，人亦同生，嗟我与尔，特百常情。慈妣早世，时尚孺婴；我年二六，尔才九龄。爰从靡识，抚髫相成。咨尔令妹，有德有操。靖恭鲜言，闻善则乐。能正能和，惟友惟孝。行止中闺，可象可效。我闻为善，庆自己蹈。彼苍何偏，而不斯报。昔在江陵，重罹天罚。兄弟索居，乖隔楚越。伊我与尔，百哀是切。黯黯高云，萧萧冬月。白云掩晨，长风悲节。感惟崩号，兴言泣血。寻念平昔，触事未远，书疏犹存，遗孤满眼。如何一往，终天不返！寂寂高堂，何时复践？藐藐孤女，曷依曷恃？茕茕游魂。谁主谁祀？奈何程妹，于此永已！死如有知，相见蒿里。呜呼哀哉!

　　这里面也洋溢着呜咽磅礴不可抑止的感情，和对于胞妹永诀后的怅惘、哀悼，也是陶潜为一热情人的表现。但是在陶潜的情感生活里所引为遗憾的，第一是他对儿子的不满意，《责子诗》说：

　　白发被两鬓，饥肤不复实。虽有五男儿，总不好纸笔。阿舒已二八，懒惰故无匹。阿宣行志学，而不爱文术。雍端年十三，不识六与七。通子垂九龄，但觅梨与栗。天运苟如此，且进杯中物。

　　把儿子的不肖来归之于天运，大有无可如何之概。所以杜工部嘲之曰：“陶潜避俗翁，未必能达道。观其著诗集，颇亦恨枯槁。达生岂是足，默识盖不早。有子贤与愚，何其挂怀抱。”然而陶潜之所以为陶潜，正因为他对儿子的贤愚挂怀抱。他虽然能超脱现实的一切，但是他超脱不了自己的骨肉，更超脱不了天伦的亲情，他在感情的一点上，终究是执着了。所以《命子诗》说：

　　卜云嘉日，占亦良时。名汝曰俨，字汝求思。温恭朝夕，念兹在兹。尚想孔伋，庶其企而。

　　厉夜生子，遽而求火。凡百有心，奚特于我。既见其生，实欲其可。人亦有言，斯情无假。

　　日居月诸，渐免于孩。福不虚至，祸亦易来。夙兴夜寐，愿尔斯才。尔之不才，亦已焉哉。

在"卜云嘉日"一章里表现着陶潜对他儿子的希望。在"厉夜生子"一章里说明了他对儿子希望的执着：看他的"凡百有心，奚特于我"，是他有着与通常人逼近、相通的心之自道。"既见其生，实欲其可。"更点化出天下做父亲的心理，但是"人亦有言，斯情无假"。参透世相，超脱一切的陶潜，也不能不有所执着了。不过，在"日居月诸"一章里，终于感到希望的破灭，"夙兴夜寐，愿尔斯才。尔之不才，亦已焉哉。"刻画出他希望幻灭后，无可奈何的悲哀。但是陶潜虽然领悟到他对儿子的希望与寄托，毕竟是一个大幻，然而他对这个大幻依旧肯定它是真实的，去执着它不能够超脱。所以《萧传》说："（潜）以为彭泽令。不以家累自随，送一力给其子，书曰：'汝旦夕之费，自给为难，今遣此力，助汝薪水之劳，此亦人子也，可善遇之。'"表现了天伦之爱，也表现着"慈父"对儿子生活的关怀。即其晚年将易簀之际，犹不忘诏其子以人伦大义。《与子严等疏》说：

告俨、俟、份、佚、佟（按先生子五人，俨俟份佚佟，小名舒宣雍端通。见《责子诗》题汤注。）：

（吾）性刚才拙，与物多忤。自量为己，必贻俗患。僶俛辞世，使汝等幼而饥寒耳。余尝感孺仲贤妻之言：败絮自拥，何惭儿子？此既一事矣。……

疾患以来，渐就衰损，亲旧不遗，每以药石见救，自恐大分将有限也。恨汝辈稚小，家贫无役，柴水之劳，何时可免？念之在心，若何可言！然汝等虽不同生，当思四海皆兄弟之义。鲍叔、管仲，分财无猜；归生、伍举，班荆道旧，遂能以败为成，因丧立功。他人尚尔，况共父之人哉。颍川韩元长，汉末名士，身处卿佐，八十而终，兄弟同居，至于没齿。济北氾稚春，晋时操行人也，七世同财，家人无怨色。

《诗》曰：'高山仰止，景行行止。'虽不能尔，至心尚之。汝其慎哉，吾复何言！

从这篇疏文看来，陶潜的五个儿子彼此间似乎不甚和睦，所以他以善处兄弟相劝勉。又按前引《萧传》所引渊明与子书之意，似乎陶潜儿子的个性均甚粗鲁。所以说"此亦人子，可善遇之"。这些儿子虽然不肖，但陶潜总是喜欢他们，因此在属纩之际，犹不能忘怀。观疏文一则说"使汝等幼而饥寒耳"，是他的内愧，也是他对儿子衣食丰盈与否的执着：再则说"败絮自拥，何惭儿子"，这仿佛是对现实及儿子的一切超脱了。但是三则说"恨汝辈稚小，家贫无役，柴水之劳，何时可免？念之在心，若何可言"。又回到对儿子执着的现实里去。所以张自烈说："与子一疏，乃陶公毕生实录，全副学问也……末以善处兄弟劝勉，亦其至情不容已处，读之惟觉真气盎然。""情"与"真"，是陶潜对儿子慈祥与热爱的表现，也恰是陶潜为一热情人的证明。"丈夫虽有志，固为儿女忧"（《咏贫士·其七》），不也是夫子自道吗？第二他对于太太似乎也不甚满意，虽然《萧传》说："其妻翟氏，亦能安勤苦，与其同志。"《南史·陶潜传》也说："其妻翟氏，志趣亦同，能安苦节，夫耕于前，妻锄于后。"但是在《与子俨等疏里》他却说："但恨怜靡二仲，室无莱妇，抱兹苦心，良独罔罔。"是对自己妻室不满意的表白。所以《萧传》《南史》所谓其妻翟氏，亦能安勤苦，与其志趣相同之事，恐亦未必。（按《怨诗楚调示庞主簿邓治中》说："弱冠逢世阻，始室丧其偏。"李公焕注："公年二十丧偶，继娶翟氏。"《与子俨等疏》说："然虽不同生，当思四海皆兄弟之义。他人尚尔，况共父之人哉。"足证陶潜盖两娶。《宋书·陶潜传》称其妻翟氏，则继室为翟氏无疑。又潜之长子俨，想系前妻所生，余或翟出，故疏言虽不同生。《责子》诗："雍端年十三。"是份佚为同岁，以《颜诔》"居无仆妾"语证之。当是孪生。）因此他写夫妇情爱的诗，一首也没有。现实上异性的温暖既不能满足他的情感生活，而使他有所缺陷。所以他不能不放松了想象的缰绳，去到另一世界里以实现他对理想美人的爱慕与追求。《闲情赋》就是在这种心理下所创作出来的作品：

夫何瑰逸之令姿，独旷世以秀群。表倾城之艳色，期有德于传闻。佩鸣玉以比洁，齐幽兰以争芬。淡柔情于俗内，负雅志于高云。悲晨曦之易夕，感人生之长勤；同一尽于百年，何欢寡而愁殷。褰朱帏而正坐，泛清瑟以自欣。送纤指之余好，攘皓袖之缤纷。瞬美目以流眄，含言笑而不分。曲调将半，景落西轩。悲商叩林，白云依山。仰睇天路，俯促鸣弦。神态妩媚，举止详妍。

激清音以感余，愿接膝以交言。欲自往以结誓，惧冒礼之为愆；待凤鸟以致辞，恐他人之我先。意惶惑而靡宁，魂须臾而九迁。愿在衣而为领，承华首之余芳；悲罗襟之宵离，怨秋夜之未央。愿在裳而为带，束窈窕之纤身；嗟温凉之异气，或脱故而服新。愿在发而为泽，刷玄鬓于颓肩；悲佳人之屡沐，从白水而枯煎。愿在眉而为黛，随瞻视以闲扬；悲脂粉之尚鲜，或取毁于华妆！愿在莞而为席，安弱体于三秋；悲文茵之代御，方经年而见求。愿在丝而为履，附素足以周旋；悲行止之有节，空委弃于床前。愿在昼而为影，常依形而西东；悲高树之多荫，慨有时而不同。愿在夜而为烛，照玉容于两楹；悲扶桑之舒光，奄灭景而藏明。愿在竹而为扇，含凄飙于柔握；悲白露之晨零，顾襟袖以缅邈。愿在木而为桐，作膝上之鸣琴；悲乐极以哀来，终推我而辍音！

考所愿而必违，徒契契以苦心。拥劳情而罔诉，步容与于南林。栖木兰之遗露，翳青松之余阴。傥行行之有觌，交欣惧于中襟。竟寂寞而无见，独悁想以空寻。敛轻裾以复路，瞻夕阳而流叹。步徙倚以忘趣，色惨凄而矜颜。叶燮燮以去条，气凄凄而就寒。日负影以偕没，月媚景于云端。鸟凄声以孤归，兽索偶而不还。悼当年之晚暮，恨兹岁之欲殚。思宵梦以从之，神飘飘而不安。若凭舟之失棹，譬缘崖而无攀。于时毕昴盈轩，北风凄凄。炯炯不寐，众念徘徊。起摄带以侍晨，繁霜粲于素阶。鸡敛翅而未鸣，笛流远以清哀；始妙密以闲和，终寥亮而藏摧。意夫人之在兹，托行云以送怀。行云逝而无语，时奄冉而就过。徒勤思以自悲，终阻山而滞河。迎清风以祛累，寄弱志于归波。尤《蔓草》之为会，诵《召南》之余歌。坦万虑以存诚，憩遥情于八遐。

这一篇赋既刻画出他所憧憬的善美合一的理想异性之

美，也表现着他对理想异性的爱慕到追求，追求到幻灭，幻灭到超脱的一个苦痛的历程。所以《闲情赋序》说："初，张衡作定情赋》，蔡邕作《静情赋》，检逸辞而宗澹泊。始则荡以思虑，而终归闲正。将以抑流宕之邪心，谅有助于讽谏……余园闾多暇，复染翰为之；虽文妙不足，庶不谬作者之意乎。"正是从追求、幻灭，到超脱的一个过程之自述。看他所理想的美人吧，"夫何瑰逸之令姿，独旷世以秀群。表倾城之艳色，期有德于传闻。佩鸣玉以比洁，齐幽兰以争芬"，是美善的合一。"淡柔情于俗内，负雅志于高云"，是志趣的高远。"悲晨曦之易夕，感人生之长勤。同一尽于百年，何欢寡而愁殷"，是感觉的敏锐，进而体悟到人生的荒凉。"褰朱帏而正坐，泛清瑟以自欣"，是小己追求内心的愉悦。"送纤指之余好，攘皓袖之缤纷。瞬美目以流眄，含言笑而不分"，是内的诱惑。"曲调将半，景落西轩。悲商叩林，白云依山。仰睇天路，俯促鸣弦。神态妩媚，举止详妍"，是灵的感人。如此颤动的灵，内之美的异性，才正是陶潜所渴望的理想美人。"激清音以感余，愿接膝以交言"，于是他要开始追求了，但在追求的方法上，毕竟又引起了他内心的矛盾与痛苦。所以说："欲自往以结誓，惧冒礼之为愆。待凤鸟以致辞，恐他人之我先。""意惶惑而靡宁，魂须史而九迁"，是他的苦痛。"愿在衣而为领，承华首之余芳；悲罗襟之宵离，怨秋夜之未央……愿在木而为桐，作膝上之鸣琴；悲乐极以哀来，终推我而辍音！"这是他十种不可实现的相思与希望，也是十个追求到幻灭的过程。于是他愤慨地说："考所愿而必违，徒契契以苦心。拥劳情而罔诉，步容与于南林。"他要放弃追求而超脱，去南林之游了。但是最终在超脱与空灵里又发生了较高级的执着,在南林之游里又重新燃点起追求的希望,所以"傥行行之有觌,交欣惧于中襟"。但是,"竟寂寞而无见,独悁想以空寻",获得的仍是失望。于是他又陷入较高级的苦痛之深渊里了。所以说:"敛轻裾以复路,瞻夕阳而流叹。步徒倚以忘趣,色惨凄而矜颜。叶燮燮以去条,气凄凄而就寒,日负影以偕没,月媚景于云端。鸟凄声以孤归,兽索偶而不还。悼当年之晚暮,恨兹岁之欲殚。思宵梦以从之,神飘飘而不安;若凭舟之失棹,譬缘崖而无攀。于时毕昴盈轩,北风凄凄,炯炯不寐,众念徘徊。起摄带以侍晨,繁霜粲于素阶,鸡敛翅而未鸣,笛流远以清哀;始妙密以闲和,终寥亮而藏摧。"人生究竟是矛盾、绝望与希冀,往往也有相待相依闪耀在心头,所以陶潜虽然在绝望的苦痛里,但仍旧产生出更高级的希冀,"意夫人之在兹,托行云以送怀"更鼓舞起他追求的勇气,但是"行云逝而无语,时奄冉而就过。徒勤思而自悲,终阻山而滞河"。他又陷入更幽邃的失望之深渊里。肯定宇宙为和谐系统的陶潜,到此也只有化矛盾为和谐而超脱了,所以说"迎清风以祛累,寄弱志于归波。尤《蔓草》之为会,诵《召南》之余歌。坦万虑以存诚,憩遥情于八遐"。他终于从苦痛矛盾里解放了,超脱了,获得孤独自足的内心之愉悦。可见陶潜对理想异性的追求,结果是层层的失望,交奏着层层的苦痛,但他也能一级一级地自救、解脱。在情感的执着里,他虽然有时候超脱了形上的、完满的理想异性之美,但超脱不了他认为缺陷的现实之情感生活。可是当他发现了理想的情感终属理想时,他就不能不像从美善的天国而坠落到丑恶的人间来般地苦痛了。《和刘柴桑》诗说："弱女虽非男,慰情良胜无。"在陶潜寂寥的情感生活里,能给他温馨的,恐怕只有他的"弱女"了。

综观陶潜的情感生活,是表露着,也是内涵着的截然不同的两重境界,一重感情是使用于现实的世俗世界,另一重感情是流行于形上的理想境域。在价值的判断上,高贵美满的一层是属于理想的,低贱缺陷的一层是属于世俗的,但是不幸的是,陶潜既在他所认为美满的理想境界的情感生活里得到幻灭,也在他所认为缺陷的世俗世界的情感生活里得到执着。二者交融为他苦痛的源泉。虽然他在世俗的情感表现上,家庭骨肉间的情爱达到热烈、浓厚、无以复加的地步,可是一向被他认为缺陷低贱的单纯伦理之爱,又如何能安慰了他的寂寞、多情的呢? 然而理想的情爱又高不可攀,是以在他表相和谐的情感生活态度里,实在隐埋潜伏着一个激动内烁的矛盾苦痛之灵魂,它烙印着: 天地的残忍,宇宙的荒寒,人间的寂寞。他为此而苦恼着,也为此而彷徨。不过,他之所以超于常人处者,是他符合宇宙的和谐规律,把因内心的情感冲动、澎湃、泛滥之要求所引起的矛盾与痛苦,化为外在的态度上的和谐恬静。在情感的宇宙里,陶潜是最热情的一个,也是最能了解和重视情感生活的人,但因此也使他比一般人更苦痛。

四、陶潜的政治生活

陶潜政治生活的粗略轮廓与迹象,已详前生平节中,兹不赘述。今所明者，乃关于造成彼如此的政治、生活之内在的原因与理论根据之所在。

就哲学上说，陶潜虽然肯定了宇宙的心物二元，但是他的性格之倾向，毕竟是着重在精神的一边，假如精神与物质形成了不调和的状态，二者不可得兼的时候，他是宁取精神，而放弃物质的，因为在精神宇宙里蕴含着美善的价值境界，在物质世界里则无。就对人生的看法上说，陶潜也是一位十足的理想主义者，如果现实的一切违背了他的理想，在"违己讵非迷"（《饮酒·其九》）的肯定下，他为了维护理想，也可以放弃现实。由于他这两种对宇宙人生的基本肯定，所以当他踏进现实社会而欲用世时，也是用了一副理想的慧眼，要在现实里去体认与发现他所肯定的精神界的真美善。可是他搜求的结果是，理想在现实里幻灭了，精神在物质生活里堕落了。精神与物质，理想与现实，这二者中间根本没有和谐，只有矛盾与冲突，于是他陷入苦痛烦恼的深渊里了。例如他所理想的人生是重生轻名，所以说："所以贵我身，岂不在一生？一生复能几，倏如流电惊。鼎鼎百年内，持此欲何成！"（《饮酒·其三》）"百年归丘垄，用此空名道。"（《杂诗·其四》）"去去百年外，身名同翳如。"（《和刘柴桑》）而世人偏偏重名轻生，《饮酒·其三》说："道丧向千载，人人惜其情。有酒不肯饮，但顾世间名。"他理想的人生应该是追求真理，反对功利的，所以说："先师有遗训，忧道不忧贫。"（《癸卯岁始春怀古田舍》）"朝与仁义生，夕死复何求。"（《咏贫士·其四》）"岂忘袭轻裘，苟得非所钦。"（《咏贫士·其三》）"岂不实辛苦，所惧非饥寒。"（《咏贫士·其五》）而世人却是"自真风告逝，大伪斯兴，闾阎懈廉退之节，市朝驱易进之心。"（《感士不遇赋序》）他理想的人生应该是特立独行、皈依真理的，而世人却是"行止千万端，谁知非与是。是非苟相形，雷同共毁誉"，使他有"三季多此事，达士似不尔，咄咄俗中愚，且当从黄绮"（《饮酒·其六》）的感慨。他理想的人生应该是以诚相见、和谐美满的，而世俗的风尚偏是诈伪流行。所以《饮酒》说："去去当奚道，世俗久相欺。摆落悠悠谈，请从余所之。"《拟古·其一》也说："多谢诸少年，相知不忠厚。意气倾人命，离隔复何有？"他虽是以诚待人，但有时候也担心人们欺骗他，《拟古·其六》说："稷下多谈士，指彼决吾疑。装束既有日，已与家人辞。行行停出门，还坐更自思。不怨道里长，但畏人我欺。万一不合意，永为世笑嗤。"这样一来，现实与陶潜，完全是以矛盾对立的关系存在。与现实矛盾，不仅加添了他理想幻灭后的痛苦，并且注定了他在政治上毫无成就的命运。其次，还有更重要的一点是增加他与世俗冲突的严重性，和决定他在政治上是失败者的，是对"气节"的看法。按当时世族与朝廷之关系，据《陔余丛考·六朝忠臣无殉节者》说："魏晋以来，易代之际，能不忘旧君者，称司马孚、徐广。故王琳故吏朱瑒乞葬琳，首书曰：'典午将灭，徐广为晋家遗老，当涂已谢，司马孚称魏室忠臣'……然孚入晋仍受封安平王，……广入宋，亦除中散大夫。抑何其恋旧君而仍拜新朝封爵也？盖自汉魏易姓以来，胜国之臣，即为兴朝佐命，久已习为固然，其视国家禅代，一若无与对己，且转藉为迁官受赏之资，故偶有一二耆旧，不忍遽背故君者，即已啧啧人口，不必其以身殉也。"

所以在东晋季世气节扫地的时代里，而刘裕又适为窥伺神器的新兴跋扈之军阀，因之蚁附刘裕以邀未来新朝佐命之功者，必大有人在。陶潜却以"风雨如晦，鸡鸣不已"的姿态，去超越时代风尚，振起气节。他不但不附和刘裕，如《停云》《饮酒》所表现者，且早发便有复兴晋室之志，《杂诗·其五》说："忆我少壮时，无乐自欣豫。猛志逸四海，骞翮思远翥。"此志于晚年犹念念不忘，《杂诗·其二》说："日月掷人去，有志不获骋。"生在晋宋易代之际的陶潜，既不能匡复王室，又不能俯仰时俗，于是他矛盾痛苦。在烦恼苦痛当中，更激荡起他与现实对立，爱好孤独的生命情调，所以黄彻《碧溪诗话》说："渊明非畏枯槁，其所以感叹时化推迁者，盖伤时人之急于声利也。非畏乱离，其所以愁愤于干戈盗贼者，盖以王室元元为怀也。俗士何足以识之。"《咏贫士·其六》也说："此士胡独然，实由罕所同。"在与世俗不同的要求里，越是肯定到人我彼此矛盾对立关系的真实。这种人我矛盾，彼此对立关系的成立，如果为屈原所感受，则必愈演愈烈，终于酿成一个不可解救的大苦闷，结果只有汨罗自沉，写下一出人间的悲壮剧！陶潜，虽然发现了人我对立的真实时，也禁不住有悲剧的感觉，可是就在一转念间，却停止了苦闷与矛盾的演进与继续，他能化悲剧感为喜剧感，也即是能化矛盾为和谐，现实既不适宜于他壮志雄怀的发展与实现，于是他便由出岫的浮云，一变为知还的倦鸟，跳出交织着苦痛烦恼的世俗圈子，过他任性适情的理想式生活了。

基于以上的认识，反观陶潜的政治生活，不啻是对于现实苦痛历程的层层超脱：他由州祭酒解归，转变到州召主簿不就，不就主簿他说是有福了，无奈他耐不住现实的引诱和枯槁的寂寞，对人世又发生了执着，所以又产生了一段为人作嫁的参军生涯，终于酝酿出一个束带折腰向督邮的彭泽县令，这是他政治生活的终点，也是他现实苦痛的最高潮。《归去来兮辞序》说：

> 彭泽去家百里，公田之利，足以为酒，故便求之。及少日，眷然有归欤之情。何则？质性自然，非矫厉所得。饥冻虽切，违己交病。尝从人事，皆口腹自役。于是怅然慷慨，深愧平生之志……自免去职。仲秋至冬，在官八十余日。因事顺心，命篇曰《归去来兮》。

这里面震荡着一颗人间苦恼的心灵。"质性自然，非矫厉所得"，是对人我矛盾的肯定；"饥冻虽切，违己交病"，是因人我矛盾而引起的小己之烦恼；"尝从人事，皆口腹自役。于是怅然慷慨，深愧平生之志""既自以心为形役，奚惆怅而独悲"，在从政的过程里，陶潜毕竟陷落到苦痛的深渊里去。他要解脱苦痛，所以说"悟已往之不谏，知来者之可追，实迷途其未远，觉今是而昨非"。因此"眷然有归欤之情""归去来兮，田园将芜胡不归"竟是他超脱痛苦、自我解救的唯一途径了。可见在对现实痛苦的层层超脱里，才衬映出陶潜的政治生活观。

陶潜如此的政治生活观，在《感士不遇赋》里表现得至为明显，这篇赋也可以说是他自我政治生活的缩影。赋序里说："自真风告逝，大伪斯兴，闾阎懈廉退之节，市朝驱易进之心。怀正志道之士，或潜玉于当年；洁己清操之人，或没世以徒勤。故夷皓有安归之叹，三闾发已矣之哀。悲夫！寓形百年，而瞬息已尽；立行之难，而一城莫赏。此古人所以染翰慷慨，屡伸而不能已者也。"在季世黑暗的政局里，他既归纳出超俗，人我彼此间的冲突对立是不可避免的铁律，又意识到在超俗的冲突矛盾里贤者们不幸的结局，这是他政治生活的总论，也是他对自我用世前途的估计。所以在赋文里说："密网裁而鱼骇，宏罗制而鸟惊。彼达人之善觉，乃逃禄而归耕。"在东晋末年纷争乱离的时代里，他已决定了逃禄归耕。但是从宦场回到田园，从现实社会归返到大自然的过程里，仍然要经过一个苦痛矛盾挣扎的阶段。所以又说："嗟乎！雷同毁异，物恶其上。妙算者谓迷，直道者云妄。坦至公而无猜，卒蒙耻以受谤。虽怀琼而握兰，徒芳洁而谁亮？"颤动着人我的矛盾，震荡着内心的痛苦。因此他叹息地说："哀哉士之不遇，已不在炎帝帝魁之世。独祗脩以自勤，岂三省之或废？庶进德以及时，时既至而不惠。无爰生之晤言，念张季之终蔽，悯冯叟于郎署，赖魏守以纳计。虽仅然于必知，亦苦心而旷岁。审夫市之无虎，眩三夫之献说。悼贾傅之秀朗，纡远辔于促界。悲董相之渊致，屡乘危而幸济……"这里面不仅暗示了天才与庸人的永恒对立，并且也指明了庸俗的时代所给予天才们的苛刻待遇。天才们在庸俗的时代里是颠沛穷困的，所以他又愤慨地说："何旷世之无才，罕无路之不涩。伊古人之慷慨，病奇名之不立。广结发以从政，不愧赏于万邑；屈雄志于戚竖，竟尺土之莫及。留诚信于身后，恸众人之悲泣。商尽规以拯弊，言始顺而惠入，奚良辰之易倾，胡害胜其乃急。"到此，超俗的对立，人我的冲突，在陶潜的心灵里已酿成了一个极大的苦闷与烦恼，知难而退，他要对人间的一切超脱了，所以说："苍旻遐缅，人事无已。有感有昧，畴测其理。宁固穷以济意，不委曲而累己。既轩冕之非荣，岂缊袍之为耻？诚谬会以取拙，且欣然而归止。拥孤襟以毕岁，谢良价于朝市。"看他在畴测其理的苦痛历程里，终于肯定到"不委曲而累己"和"宁固穷以济意"的真实，"谢良价于朝市"，乃是他政治生活的必然结果了。李献吉说："靖节高才豪逸人也，而复善知几，厥遭靡时，潜龙勿用，然予读其诗，有俯仰悲慨、玩世肆志之心焉。"陶澍也说："先生闵晋祚之将终，深知时不可为，思以岩栖谷隐，置身理乱之外，庶得全其后凋之节也。"确实能透视出陶潜的由执到超，化矛盾为和谐的政治生活观。

五、陶潜的经济生活

陶潜一生的经济生活，实在没有满足和富裕过一天。《颜诔》中的"少而贫病，居无仆妾，井臼弗任，藜菽不给，母老子幼，就养勤匮"，不用说，这是他未用世以前的"耕植不足以自给"的物质生活贫乏状况之叙述，即在他彭泽解绶归来以后，仍是一位一贫如洗的农夫。《有会而作》说："弱年逢家乏，老至更长饥。"正是一生老在饥饿中挣扎着的纪实。因为陶潜的人生基本概念，是重视精神而忽略物质的。重视精神的结果，使他在现实社会里到处感到超俗的冲突对立，和对人世的厌倦；忽略物质的结果，更使他远离了现实。远离现实和对精神追求的一往不返，便决定了他一生潦倒、饥饿、贫困的命运。《与子俨等疏》说："性刚才拙，与物多忤。自量为己，必贻俗患，僶俛辞世，使汝等幼而饥寒耳。"这是他对于自我穷困原因的探求和说明。因为他所肯定与追求的是精神价值世界，所以他看不惯无美无善无真，只有丑恶虚伪的现实，因之他的处世态度，自然是"性刚才拙，与物多忤"，扮演着人我冲突了，人我既形成冲突，是以"自量为己，必贻俗患"，乃是必有的顾虑与结果，由于此种情绪的震荡和激动，更增添了他离俗的胆气和在现实上性刚才拙的魄力，于是"僶俛辞世，使汝等幼而饥寒耳"。陶潜铸出他的遗弃现实，忽视物质，拥抱贫困的经济生活型。《感士不遇赋》说："宁固穷以济意，不委曲而累己。既轩冕之非荣，岂缊袍之为耻？"《归去来兮辞序》也说："饥冻虽切，违己交病。"在不"委曲累己""违己"的观念里，正含摄着一个从轩冕到缊袍的对物质生活超脱，而归结到"固穷济意"的过程。但是陶潜并不是以贫乏为清高，把"穷"去当作沽名钓誉的工具，而他一向却是反对穷的、诅咒穷的。例如《庚戌岁九月中于西田获早稻》说："人生归有道，衣食固其端。孰是都不营，而以求自安。"《劝农》也说："远若周典，八政始食。""儋石不储，饥寒交至。顾尔俦列，能不怀愧！"《移居》也说："衣食当须纪，力耕不吾欺。"是以安贫与固穷，实在是出于不得已。《咏贫士·其一》说："量力守故辙，岂不寒与饥？知音苟不存，已矣何所悲。"《癸卯岁十二月中作与从弟敬远》说："历览千载书，时时见遗烈。高操非所攀，谬得固穷节。平津苟不由，栖迟讵为拙！"《庚戌岁九月中于西田获早稻》也说："田家岂不苦？弗获辞此难。四体诚乃疲，庶无异患干。"《饮酒·其十》也说："在昔曾远游，直至东海隅。道路迥且长，风波阻中途。此行谁使然？似为饥所驱。倾身营一饱，少许便有余。恐此非名计，息驾归闲居。"《饮酒·其十六》也说："少年罕人事，游好在六经。行行向不惑，淹留遂无成。竟抱固穷节，饥寒饱所更。"可见在现实上感到一切不如意的时候，也只有遗弃现实，拥抱贫困，以安贫固穷的代价，换取精神上的愉悦自由了。不过，对衣食的超越和对贫富的何取何舍，在陶潜却是一个可怕的挣扎的过程（陶潜虽是陶大司马之后，但至潜本身，已沦为田家，所以他的一生贯穿着一个由衣食所引起的对现实的执着、交战、遗弃的过程），例如他少有高趣，颖脱不羁，任真自得，是对至高的精神自由之肯定与向往，但是亲老家贫的实际生活却限制着他，折磨着他，所以不能不起为不堪吏职的州祭酒，接受精神上的桎梏与枷锁。然而质性自然的陶潜，对此精神上的桎梏束缚，也生出反抗、超脱和解放的要求来，结果是自由解放的精神要求战胜了对现实衣食的执着趋向，所以在陶潜对现实衣食执着感到层层的痛苦，也伴奏着层层的超脱里，终于肯定到不为五斗米折腰的真实。《咏贫士·其五》说："刍槁有常温，采莒足朝餐。岂不实辛苦，所惧非饥寒。贫富常交战，道胜无戚颜。"他是道胜了，但以道胜的不为五斗米折腰的高贵自由之精神，却也使他在现实里穷困了。因此他就对物质生活降低了奢望：住的是敝室草庐，所以说"草庐寄穷巷，甘以辞华轩"（《戊申岁六月中遇火》），"负疴颓檐下，终日无一欣"（《示周续之祖企谢景夷三郎》），"朝为灌园，夕偃蓬庐"（《答庞参军》），"方宅十余亩,草屋八九间"(《归园田居》),"敝庐何必广,取足蔽床席"
(《移居》)。吃的是菽麦、粳粮,所以说"菽麦实所羡,孰敢慕甘
肥"(《有会而作》),"岂期过满腹,但愿饱粳粮"(杂诗·其八)。
穿的是粗𫄨大布,所以说"被褐欣自得,屡空常晏如"(《始作镇军
参军经曲阿作》),"御冬足大布,粗𫄨以应阳"(《杂诗·其八》),
"当暑厌寒衣"(《有会而作》)。他要做一个自食其力的耕农,
所以说"代耕本非望,所业在田桑"(《杂诗·其八》),"贫居依稼
穑,戮力东林隈。不言春作苦,常恐负所怀"(《丙辰岁八月中于下
潠田舍获》),"商歌非吾事,依依在耦耕"(《辛丑岁七月赴假还
江陵夜行涂口》),"仰想东户时,余粮宿中田。鼓腹无所思,朝起暮
归眠。既已不遇兹,且遂灌我园"(《戊申岁六月中遇火》),"既耕
亦已种,时还读我书"(《读〈山海经〉·其一》),"秉耒欢时务,解
颜劝农人"(《癸卯岁始春怀古田舍二首》)。并且有《劝农》诗六
篇,足证其对农务的重视。但是他的躬耕的,仍然解除不了他的
贫困,满足不了他那一点点"耕织称其用,过此奚所须"(《和刘
柴桑》)的只求饱暖的物质生活之要求。不仅他的住处是"贫居
乏人工,灌木荒余宅"(《饮酒·其十五》),"穷居寡人用,时忘四运
周。门庭多落叶,慨然知已秋"(《酬刘柴桑》),"竟抱固穷节,饥寒
饱所更。敝庐交悲风,荒草没前庭。披褐守长夜,晨鸡不肯鸣"(《饮
酒·其十六》)。反映了他的穷困处境,即在实际生活上,也到了
"三旬九遇食",不能糊口的程度。所以《杂诗·其八》说:"代耕
本非望,所业在田桑。躬亲未曾替,寒馁常糟糠。岂期过满腹,但愿饱
粳粮。御冬足大布,粗𫄨以应阳。正尔不能得,哀哉亦可伤!人皆尽获

宜，拙生失其方。理也可奈何，且为陶一觞。"当最低限度的饱暖都达不到的时候，他也不得不感到物质迫人而伤感起来，所以说"人皆尽获宜，拙生失其方"。他一转念间又恨起现实上没有公道和天理来，所以又说"理也可奈何，且为陶一觞"。在一觞酒里他超越了由衣食所引起的苦恼。然而现实总归是现实，所以对现实一时的凌容超越，毕竟还是得返归到现实上来，因之陶潜在灾害荒年的时候，则愈感觉到物质生活的窘迫了。《怨诗楚调示庞主簿邓治中》说："炎火屡焚如，螟蜮恣中田。风雨纵横至，收敛不盈廛。夏日长抱饥，寒夜无被眠。造夕思鸡鸣，及晨愿乌迁。"如此饥寒交迫的生活，把陶潜陷入到日夜难熬的苦痛状态里。这种不免饥冻的生活状态之造成，乃是他在现实里"与物多忤"，在精神世界里"匪道曷依，匪善奚敦"（《荣木》）的对价值境界追求的结果，所以他又说"在己何怨天，离忧凄目前……慷慨独悲歌，锺期信为贤"（《怨诗楚调示庞主簿邓治中》）。在离忧凄的时代里，在慷慨独悲歌的人世里，贤者们的穷困，是应有的报酬，这又算得了什么？于是在"在己何怨天"的心理下，他也就安贫了。他有时穷到没有饭吃，竟去敲门乞食。《乞食》说：

饥来驱我去，不知竟何之。行行至斯里，叩门拙言辞。主人解余意，遗赠岂虚来。谈谐终日夕，觞至辄倾杯。情欣新知欢，言咏遂赋诗。感子漂母惠，愧我非韩才。衔戢知何谢，冥报以相贻！

苏东坡说："渊明得一食，至欲以冥谢主人，哀哉哀哉！此大类丐者口颊也。……饥寒常在身前,功名常往身后。二者不相待,此士之所以穷也。"这正道破了追求精神与追求现实的结果之分野所在。杨野王也说:"坡公因公冥报一语,咨嗟太息,若重哀其贫,几灭,却一只眼矣,瓶无储粟,烟火裁通,而延之送二万钱,悉付酒家,公之乞丐,公自欲之耳。远公方外之家,强公入社,公不肯,远公何不能会其意,何况余人?公盖洞见富不如贫,贵不如贱,并生死亦以为戏,纵浪大化中,与之虚而委蛇,如是而已。"更说明了陶潜因追求理想而安贫的精神。他在现实的物质生活里虽然有所缺失,但他在理想的精神之宇宙却获得了补偿,《有会而作并序》说:

"旧谷既没,新谷未登,颇为老农,而值年灾,日月尚悠,为患未已。登岁之功,既不可希,朝夕所资,烟火裁通。旬日已来,始念饥乏,岁云夕矣,慨然永怀,今我不述,后生何闻哉!"这是他因匮乏的物质生活而引起的苦痛的嗟叹,但他在精神追求的肯定里,立刻又获得了解脱。所以诗文说:"弱年逢家乏,老至更长饥。菽麦实所美,孰敢慕甘肥。惄如亚九饭,当暑厌寒衣。岁月将欲暮,如何辛苦悲。常善粥者心,深念蒙袂非。嗟来何足吝,徒没空自遗。斯滥岂攸志,固穷夙所归。馁也已矣夫,在昔余多师。"在固穷与多师的意识寄托里,终于补偿了物质生活的缺陷,超脱了冻馁衣食的烦恼。《咏贫士》之作,正是基于借师固穷的古人以遗忘其现实衣食贫乏苦痛的心理而产生的作品。《咏贫士·其一》说:

万族各有托,孤云独无依。暧暧空中灭,何时见余晖。朝霞开宿雾,众鸟相与飞。迟迟出林翮,未夕复来归。量力守故辙,岂不寒与饥？知音苟不存，已矣何所悲。

汤文清公汉注说："孤云倦翩，以兴举世皆依乘风云，而己独无攀援飞翻之志，宁忍饥寒以守志节，当世从无知此意者，亦不足悲也。"何焯说："孤云自比其高洁，下六篇皆言圣贤惟能固穷，所以辉曜千载，迥立于万族之表，不可如世人之但见目前也。"在纷争乱离夤缘朋比的季世里，要想如孤云的高洁，守志保节，追求精神的价值世界，那只有在现实里忍受饥寒了，抚今追昔，伤今怀古，这是他《咏贫士》的基点，也可以说是历代贫士们的总序。《咏贫士·其二》说：

凄厉岁云暮，拥褐曝前轩。南圃无遗秀，枯条盈北园。倾壶绝余沥，窥灶不见烟。诗书塞座外，日昃不遑研。闲居非陈厄，窃有愠见言。何以慰吾怀，赖古多此贤。

何焯说："此患难不失其常也。陈蔡见围，仲尼不疑吾道之非，况止于饥乏，何为不追古人而从之乎？"可见陶潜在追慕孔子的安贫乐道里，超越了现实的衣食贫乏之苦。《咏贫士·其三》也说：

荣叟老带索，欣然方弹琴。原生纳决履，清歌畅商音。重华去我久，贫士世相寻。弊襟不掩肘，藜羹常乏斟。岂忘袭轻裘，苟得非所钦。赐也徒能辨，乃不见吾心。

张自烈说："读'苟得非所钦'，乃知渊明乞食，自非计无复之，与俗人同寥落尔。"何焯也说："非独远于人情，生不逢尧与舜禅，则宜以荣期、原宪自居，求无愧于仲尼而已。如子贡所以告二子者，姑舍是可也。"张说指明了陶潜因追求理想而陷于穷困的境地，何说则指出了陶潜在以荣期原宪自况里，却由衣食的执着归依到衣食超脱的范畴里去了。《咏贫士·其四》说："安贫守贱者，自古有黔娄。好爵吾不荣，厚馈吾不酬。一旦寿命尽，弊服仍不周。岂不知其极，非道故无忧。从来将千载，未复见斯俦。朝与仁义生，夕死复何求。"在对黔娄的向往里，不但坚定了他安贫守贱的决心，而且更确定了他一生对价值境界的追求，所以何焯说："此死生不改其操也。贫贱不以道得者不去，公诚造次颠沛必于是矣。"《咏贫士·其五》也说："袁安困积雪，邈然不可干。阮公见钱入，即日弃其官。刍槁有常温，采莒足朝餐。岂不实辛苦，所惧非饥寒。贫富常交战，道胜无戚颜。至德冠邦闾，清节映西关。"

这是从袁、阮二公的例证里，烘托出他对现实世界的遗弃，和对精神世界的肯定和追求，由现实执着皈依到精神超越的一个过程。《咏贫士·其六》也说：

仲蔚爱穷居，绕宅生蒿蓬。翳然绝交游，赋诗颇能工；举世无知者，止有一刘龚。此士胡独然？实由罕所同；介然安其业，所乐非穷通。人事固以拙，聊得长相从。

在对幽人仲蔚事迹的叙述渴慕里，却印证出自我孤傲的人生情调，更进一步体验到在不同于世人要求之真实里，首以超越穷通为现实生活的基本条件，对待与世人的关系，又是以"拙"，所以结果也只有"绝交游"和"宅生蒿蓬"了，这是陶潜人生形式的先导。所以在对仲蔚"聊得长相从"的概念里，他遗弃了纠缠着衣食的现实，获得精神的大解放，但是他也追踪着仲蔚而肯定"请息交以绝游"和"灌木荒余宅"的举世无知者的生活之真实了。《咏贫士·其七》也说：

昔在黄子廉，弹冠佐名州。一朝辞吏归，清贫略难俦。年饥感仁妻，泣涕向我流。丈夫虽有志，固为儿女忧。惠孙一晤叹，腆赠竟莫酬。谁云固穷难，邈哉此前修。

何焯说："此篇言终不为妻子所累，贬节复出也。"可见陶潜在对前修黄子廉的赞叹里，更坚定他固穷的精神，超脱了他对现实上衣食的执着。

《咏贫士》使他了解到古圣先贤们对现实由执到超而终归固穷的苦痛心理及过程，因此便铸造了他安贫乐道的生活观。《饮酒·其二》说："积善云有报，夷叔在西山。善恶苟不应，何事立空言！九十行带索，饥寒况当年。不赖固穷节，百世当谁传。"可知陶潜一生所追求的是百世留传，但是固穷节是百世留传的基础，而精神又是支持固穷节的根源，留传是一种精神的现象和作用，也是一种精神永恒的象征，在留传的意识里，他既肯定了精神至上，发现了精神价值的永恒，又对生灭粗俗的现实否定、遗弃，对执着于衣食苦痛一级一级地超越，终至于向往自由、解放、快乐的精神顶峰，结果是皈依到高超、邈远、无烦恼而代表永恒的道境，于是便产生了他的"先师有遗训，忧道不忧贫。瞻望邈难逮，转欲志长勤"（《癸卯岁始春怀古田舍二首》）的生活精神。这是陶潜经济生活的终点，也是他精神人格的极峰，在道的获得里，没有衣食的烦恼、人间的苦痛，因为他是从现实的魔掌下解放了出来，超越了人世间的一切。

但是，物质的力量终属是伟大、永久的，所以当陶潜的物质生活偶尔宽裕的时候，也不禁高兴起来，《丙辰岁八月中于下潠田舍获》说："饥者欢初饱，束带候鸣鸡。"《和郭主簿》也说："园蔬有余滋，旧谷犹储今。营己良有极，过足非所钦。春秋作美酒，酒熟吾自斟。弱子戏我侧，学语未成音。此事真复乐，聊用忘华簪。"然而陶潜的哲学观肯定是着重精神忽视物质的，而他人生态度也是"饥冻虽切，违己交病""不委曲而累己"的，所以在他"固穷济意"和"岂忘袭轻裘，苟得非所钦"的观念下，他又超越了对物质生活的执着，而归依到安贫乐道的精神领域里去。《萧传》与《南史·陶潜传》所载江州刺史檀道济馈潜以粱肉，麾而去之的故事，正是他孤傲的性格，卑视物质，不为五斗米折腰的安贫乐道的精神表现。梁昭明太子《陶渊明集序》说："贞志不休，安道苦节，不以躬耕为耻，不以无财为病，自非大贤笃志，与道污隆，孰能如此乎？"可为知己之论了。

综观陶潜的经济生活，他是爱好物质的享受的，如《拟挽歌辞·其一》说："但恨在世时，饮酒不得足。"但他也更爱好精神的自由，他虽然觉得人间的饥寒是罪恶的、可怕的，但他觉得更可怕的倒是灵魂的堕落、理想的消失和对庸俗现实的屈节、低头。因之，他为了精神的自由和高远的理想，乃不得不以制欲的方式去遗弃物质、远离现实，所以在他安贫乐道的经济生活形式里，实在是震荡着人间生活的缺陷，内耀着一颗诗人对物质生活不满足和不得已的苦痛之心灵，但是质性自然的陶潜，在贫富、道俗的何取何舍里，也只有以英勇的姿态，去狂热地接受和拥抱他一向所诅咒的贫困，以之为追求精神世界的道理超趣的代价。这是陶潜经济生活型的玄哲，心理的基础所在，也是哲人们在现实上不可避免的悲哀。

六、陶潜的社会生活

陶潜对人世虽然抱了"请息交以绝游"的决心和态度，但是在他寂寞的内心里又何尝没有对友谊的渴望和世人的同情呢？由于此种心理激荡，便胚胎出他的社会生活了。然而因为他在哲学上有形上形下宇宙的肯定，所以反映到社会生活里，也表现为截然不同的两层：一层是世俗的友谊，一层是精神的交游，在二者的对照和谐里，不仅绘图出他社会生活的整体，而且也显现出他丰富、充实的高贵生命。

（一）世俗的友谊

在这一层的友谊里面，没有彼此的心灵之了解和精神的共鸣,有的是人与人之间应有的温暖,粗浅的世俗上应有的交情。因此,这一层的友谊又很自然地分为两级:一级是貌合神离的交谊,一级是有貌无神的友情。

1.貌合神离的交谊 在形式与外貌上虽然彼此有过从来往,但是在精神上实则保持着不可缩减的间隔和距离,甚至于在心灵上也烙印有彼此的冲突矛盾的苦痛之痕迹。陶潜对于州郡觐谒的要人来往,就是应用这级的友谊。他和王弘、檀道济的交游,正是这级友谊的最好例证。(按王弘在义熙十四年为江州刺史,《晋书·陶潜传》所谓刺史王弘以元熙中临州之说非是。详见《宋书·王弘传》。又檀道济以宋文帝元嘉三年五月为江州刺史,说详《宋书·文帝本纪》及《檀传》。)《宋书·陶潜传》说:"刺史王弘甚钦迟之,后自造焉,潜称疾不见。"这一方面表示陶潜有独自所肯定的、真实的而不与王弘相同的宇宙,一方面也显露着彼此间心灵的矛盾和距离。虽然王弘用尽了方法,"遣其故人庞通之等赍酒,先于半道要之",而获得"弘乃出与相见,遂欢宴穷日"的貌合之结果。例如《宋书·陶潜传》说,"潜无履,弘顾左右为之造履,左右请履度,潜便于坐申脚令度焉。"《续晋阳秋》也说:"江州刺史王弘造渊明,无履,宏从人脱履以给之,弘语左右为彭泽作履,左右请履度,渊明于众坐伸脚,及履至,着而不疑。"但是在"弘要之还州……而言笑赏适,不觉其有羡于华轩也"里,终于也表现出他们心灵间的邈远之距离和对于精神现实所着重追求的标准的非一,所以在王弘对于这位大诗人的极端敬仰里,虽然在心灵的琴曲中谱奏不出和谐一致的韵调,但是基于人类同情的立场，这位寄托高远、孤芳自赏的诗人，也不能不报之以世俗的友谊，所以诗集里也有《于王抚军座送客》诗一首了。至于他和檀道济的交谊，因为檀既是晋朝的旧臣，同时也是建宋的元勋，所以他对于这位无节操的新贵，根本是看不起的，因之在檀持粱肉的觐谒里，他竟不客气地挥而去之，这实在是达到了貌合神离的友谊之极峰，彼此的心里都蕴含了矛盾与痛苦，精神上也是互相颤动着不和谐。《饮酒·其九》说："清晨闻叩门，倒裳往自开。问子为谁与？田父有好怀。壶浆远见候，疑我与时乖。褴缕茅檐下，未足为高栖，一世皆尚同，愿君汩其泥。深感父老言，禀气寡所谐。纡辔诚可学，违己讵非迷。且共欢此饮，吾驾不可回。"赵泉山说："时辈多勉靖节以出仕，故作此篇。"陶潜之与田父，也应是这级的友谊。

2.有貌无神的友情　这一级的友谊施用于具有崇高人性的善良平民，其精义的所在是只要貌而不要神，所以在此种友谊里，只吸取人性间所自然流露的温暖、热爱和欣赏人类中应有的伟大同情之交流，既不探讨精神界的哲理玄趣，也不追问心灵界的超脱空灵，所以也更谈不到精神上是否冲突和一致了，有的是人间味，有的是真实感，在肯定目前刹那的实在里，构成了人间是一个大和谐的场合，消灭了人与人间的矛盾、凌乱和忧苦。陶潜与村夫野老的来往，就是这级的友谊。《归园田居·其二》说："时复墟曲中，披草共来往。相见无杂言，但道桑麻长。"《归园田居·其五》说："漉我新熟酒，只鸡招近局。日入室中暗，荆薪代明烛。欢来苦夕短，已复至天旭。"《游斜川序》也说："天气澄和，风物闲美，与二三邻曲，同游斜川。"诗文也说："提壶接宾侣，引满更献酬。"《癸卯岁始春怀古田舍二首》说："秉耒欢时务，解颜劝农人……日入相与归，壶浆劳近邻。"《饮酒·其十四》也说："故人赏我趣，挈壶相与至。班荆坐松下，数斟已复醉。父老杂乱言，觞酌失行次。"在与邻曲野老的交游里，一边是浩瀚的形上理趣追求之暂时停止，一边是执着于生动磅礴的人间趣味之刹那真实，在这里表示出人类的质朴、无知的可爱，和由人性里所迸发出来的热情浓爱，激动、震荡地交融成一片人间生命的大和谐。陶潜在此种浑厚、博大、洋溢着人性之真善美的境界里，不再需要哲理的玄趣，自然能忘怀了现实上一切无谓的烦恼，把一颗少怀高尚的心灵，促形上的宇宙重新融入到爱与生命交互的人世间。可见在人类情爱的真实交流和人性善的肯定里，荡漾出了陶潜有貌无神的崇高的友谊。

（二）精神的交游

在此友谊的平面里，唯一真实的现象是彼此间心灵的和谐和精神的交流，绝不在外貌形式的分合离聚，所以这层友谊的构成，一方面固然基于人类的温暖和人性的善良，但是同志的热爱，同调的友情和知己的仰慕，却是最有力的决定因素。然而在神貌的配合表现里，也极自然地分为二级：一级是貌离神合的友谊，一级是神貌交融的友情。

1.貌离神合的友谊　这级的友谊就形式外貌上说，无论是分散或者彼此间保持了距离，但就精神上说，仍是和谐的、一致的、相通的。陶潜的《停云诗》就是这级友谊存在的证明。诗序说:"停云,思亲友也,罇湛新醪,园列初荣,愿言不从,叹息弥襟。"
诗文也说:"静寄东轩,春醪独抚。良朋悠邈,搔首延伫。"刘履说:
"此盖元熙禅革之后,而靖节之亲友,或有仕于宋者,故特思而赋
之。"虽然一方面辉耀着朋友们貌离形散的痛苦,但另一方面也
颤动着对友谊的渴望和精神的驰骋向往,所以下章又说:"有酒
有酒,闲饮东窗。愿言怀人,舟车靡从……人亦有言,日月于征。安得
促席,说彼平生……岂无他人,念子实多,愿言不获,抱恨如何!"刘
履又说:"他人之苟禄者,亦岂无之,而吾与子独厚,故念之耳。渊明
于亲友,始也搔首而怀望,中则欲与促席而闲陈,终乃知其不复来归,
而为之抱恨,情之至,义之尽也。"可见陶潜并不以他们在形式外
貌上的不甚接近和在现实中所走的路子不同,而妨害了精神界
的交游。他与殷景仁的友谊也是这样。《与殷晋安别》诗说:"游
好非少长,一遇尽殷勤。信宿酬清话,益复知为亲。去岁家南里,薄作
少时邻。负杖肆游从,淹留忘宵晨。语默自殊势,亦知当乖分。未谓事
已及,兴言在兹春。飘飘西来风,悠悠东去云。山川千里外,言笑难为
因。良才不隐世,江湖多贱贫。脱有经过便,念来存故人。"这不但表
明了他们是心灵之交,而且也指点出他们具有"语默殊势"的不
同之人生情调。这种语默殊势的情调,虽然在现实上注定了他
们"乖分"的命运和外貌,可是在"良才不隐世,江湖多贱贫"的
意识里,仍然无碍于他们精神上交游,成为心灵上的知己,在惜
别当中,犹斤斤以"存故人"为念了。陈祚明说:"殷先生作晋臣,
与公同时,后作宋臣,与公殊调,篇中语极低徊,朋好仍敦,而异趣难
一也。"吴崧也说:"良才不隐世,并不以殷之出为非,江湖多贱贫,亦

不以己之处为是，各行其志，真所谓肆志然污隆也。"在陶潜这种博大雄伟的精神，辽阔的境界里，不仅发掘出他这级友谊的真实价值之所在，而且也刻画出他这级友谊存在的心理过程了。

2.神貌交融的友情　在这一级的友谊里，一边是外貌形式上彼此的和谐，一边是双方心灵、精神的交感共鸣，而神貌的中间也是以谐和的关系存在着。这里面没有冲突，没有斗争，也没有矛盾，只有人间的善，人性的真，精神的美。真、善、美交辉着爱的高贵，颤动着情的真实，但也达到了友谊的顶峰。《晋书·陶潜传》说："既绝州郡觊觎，其乡亲张野及周旋人羊松龄、庞遵等，或有酒要之，或要之共至酒坐，虽不识主人，亦欣然无忤，酣醉便反，未尝有所造诣。"《赠羊长史》说："愚生三季后，慨然念黄虞。得知千载上，正赖古人书。贤圣留余迹，事事在中都。岂忘游心目？关河不可逾。九域甫已一，逝将理身舆。闻君当先迈，负疴不获俱，路若经商山，为我少蹰躇。多谢绮与角，精爽今何如？紫芝谁复采？深谷久应芜。驷马无贳患，贫贱有交娱。清谣结心曲，人乘运见疏。拥怀累代下，言尽意不舒。"刘履说："义熙十三年，太尉刘裕伐秦，破长安，送秦主姚泓诣建康受诛。时左将军朱龄石遣长史羊松龄往关中称贺，而靖节作此诗赠之。"中原沦陷，到此已逾百年，陶潜目睹北方失地的收复，自然非常兴奋，又值他朋友羊松龄奉命北上，贺刘裕之平关洛，所以他想跟羊松龄去看看久受异族统治下关洛的情形，但因为身体多病，始终未能成行。他对于庞遵（即庞通之），《怨诗楚调示庞主簿邓治中》说："天道幽且远，鬼神茫昧然。结发念善事，僶俛六九年。弱冠逢世阻，始室丧其偏。

炎火屡焚如，螟蜮恣中田。风雨纵横至，收敛不盈廛。夏日长抱饥，寒夜无被眠。造夕思鸡鸣，及晨愿乌迁，在己何怨天，离忧凄目前。吁嗟身后名，于我若浮烟。慷慨独悲歌，锺期信为贤。"陶澍说："于主簿邓治中，则为怨诗楚调示之，历叙生平，备诉艰苦，至以锺期相望。"对于张野，亦有《岁暮和张常侍》一诗，足见他们神貌交融的友谊了。又《宋书·陶潜传》说："先是颜延之为刘柳后军功曹，在浔阳与潜情款，后如始安郡，经过日日造潜，每往必酣饮致醉，临去留二万钱与潜，潜悉送酒家，稍就取酒。"《萧传》也说："先是颜延之为刘柳后军功曹，在浔阳与渊明情款，后为始安郡，经过浔阳，日造渊明饮焉。每往必酣饮致醉，（王）弘欲要延之坐，弥日不得，延之为去，留二万钱与渊明，渊明悉遣送酒家，稍就取酒。"（《南史》记载略同）可见陶潜与延之的交谊之厚。在"王弘欲要延之坐，弥日不得"里，一方面表明了延之与王弘的友谊也如陶潜与王弘似的，是在貌合神离的阶段，一方面也说明了他与陶潜的人生看法的完全相同。所以《颜诔》追叙他们的交情说："深心追往，远情逐化。自尔介居，及我多暇。伊好之洽，接阎邻舍。宵盘昼憩，非舟非驾。念昔宴私，举觞相诲：独正者危，至方则碍。哲人卷舒，布在前载。取鉴不远，吾规子佩：尔实愀然，中言而发，违众速尤，迕风先蹶，身才非实，荣声有歇。睿音永矣，谁箴余阙？"《晋中兴书》也说："颜延之为始安郡，道经浔阳，常饮渊明舍，自晨达昏，及渊明卒，延之为诔，极其思致。"足证他们不仅在形式外貌上有"洽比其邻"的亲密，而且在精神方面，也能追求一致的真理和永恒，共同探索究竟之人生，切磋琢磨，集世俗与精神两类友谊之大成了。又《萧传》说："时周续之入庐山,事释慧远,彭城刘遗民亦遁迹匡山,渊明又不应征命,谓之浔阳三隐。后刺史檀韶苦请续之出州,与学士祖企、谢景夷三人,共在城北讲礼,加以雠校,所住公廨近于马队,是故渊明示其诗云:'周生述孔业,祖谢响然臻,马队非讲肆,校书亦已勤。'"(《宋书·周续之传》《莲社高贤传》所载略同。)陶潜对续之的友情是极其浓厚的,所以《示周续之祖企谢景夷三郎》,一则说:"负疴颓檐下,终日无一欣。药石有时闲,念我意中人。"是在粗浅情感方面的怀念。再则说:"老夫有所爱,思与尔为邻。愿言诲诸子,从我颍水滨。"是对幽邃的精神志趣方面的谐和之搜求。对于刘遗民,亦有《和刘柴桑》与《酬刘柴桑》二诗,《和刘柴桑》说:"山泽久见招,胡事乃踌躇?直为亲旧故,未忍言索居。"足证他们往还之频了。他和慧远的关系,《莲社高贤传》说:"(潜)常往来庐山,时远法师与诸贤结莲社,以书招渊明,渊明曰:'若许饮则往。'许之,遂造焉,忽攒眉而去。"《庐阜杂记》也说:"远师结白莲社,以书招渊明。陶曰:'弟子嗜酒,若许饮,即往矣。'远许之,遂造焉,因勉以入社,陶攒眉而去。"这一方面表示了慧远对陶潜的仰望与尊重,一方面也说明了儒佛间在现实形式上之隔阂和距离。不过他们毕竟是心灵之交,所以旋即超越了这种形式上的隔阂而继续来往,李元中《莲社图记》说:"陶潜时弃官居栗里,每来社中,或时才至,便攒眉回去,远师爱之,欲留,不可得。道士陆修静居简寂观,亦常来社中,与远相善。远自居东林,足不越虎溪,一日送陆道士,忽行过溪,相持而笑。又常令人沽酒,引渊明来,故诗人有:'爱陶长官醉兀兀,送陆道士行迟迟,沽酒过溪俱破戒，斯何人斯师如斯。'"《庐山记》也说："远法师居庐阜三十余年，影不出山，迹不入俗，送客过虎溪，虎辄鸣号，昔陶元亮居粟里山南，陆修静亦有道之士，远师尝送此二人，与语道合，不觉过之，因相与大笑，今世传《三笑图》。"可知陶潜虽然没有加入白莲社，但是并不因此而有碍他与远师之友谊，所以谢无逸诗说："渊明从远公，了此一大事。下视区中贤，略不可人意。"（见梁僧慧皎《高僧》传引）《杜诗注》也说："陶渊明闻远公议论，谓人曰：'令人颇发深省。'"俱足证陶公与远师在形貌与精神上的深厚之友谊。

有时陶潜的移居，也往往以有无心灵上的朋友为迁徙与否的标准。《移居》诗说："昔欲居南村，非为卜其宅。闻多素心人，乐与数晨夕。怀此颇有年，今日从兹役。敝庐何必广，取足蔽床席。邻曲时时来，抗言谈在昔。奇文共欣赏，疑义相与析。"这既是对心灵之友的追求与渴慕，也是对获得心灵之友后的乐趣之说明。所以又说：

"春秋多佳日，登高赋新诗。过门更相呼，有酒斟酌之。农务各自归，闲暇辄相思。相思则披衣，言笑无厌时。此理将不胜？无为忽去兹。衣食当须纪，力耕不吾欺。"这更是友情形式与内容上的和谐。构成了表里一致的崇高愉悦之友情。他在南村的诸友，据可知者有殷景仁与庞参军二人（按殷景仁事已详前，庞参军则佚其名）。《答庞参军序》说："三复来贶，欲罢不能。自尔邻曲，冬春再交，欸然良对，忽成旧游。俗谚云：数面成亲旧。况情过此者乎？人事好乖，便当语离，杨公所叹，岂惟常悲？吾抱疾多年，不复为文；本既不丰，复老病继之，辄依《周礼》往复之义。且为别后相思之资。"诗说："相知何必旧，倾盖定前言。有客赏我趣，每每顾林园。谈谐无俗调，所说圣人篇。或有数斗酒，闲饮自欢然。我实幽居士，无复东西缘；物新人惟旧，弱毫多所宣。情通万里外，形迹滞江山；君其爱体素，来会任何年！"又《答庞参军诗》说："人之所宝，尚或未珍。不有同好，云胡以亲？我求良友，实覯怀人。欢心孔洽，栋宇惟邻。伊余怀人，欣德孜孜。我有旨酒，与汝乐之。乃陈好言，乃著新诗。一日不见，如何不思。嘉游未歇，誓将离分。送尔于路，衔觞无欣。依依旧楚，邈邈西云。之子之远，良话曷闻。昔我云别，仓庚载鸣。今也遇之，霰雪飘零。大藩有命，作使上京。岂忘宴安，王事靡宁。惨惨寒日，肃肃其风。翩彼方舟，容裔江中。勖哉征人，在始思终。敬兹良辰，以保尔躬。"在这几章诗里，充分洋溢着有貌有神的友情。其次有《酬丁柴桑》一诗，诗说："有客有客，爰来宦止。秉直司聪，惠于百里。飡胜如归，聆善若始。匪惟谐也，屡有良游。载言载眺，以写我忧。放欢一遇，既醉还休。实欣心期，方从我游。"虽不知丁柴桑为何人，但就其交情之浓挚，心神之契合，故断彼等之友谊，确在这一级的范畴里。

此外，尚有《五月旦作和戴主簿》《和郭主簿二首》《和胡西曹示顾贼曹》诸诗，唯在诗中未能明其友情之究在何阶段，当不被论列了。

综观陶潜一生的生活，虽然里面洋溢着人间的矛盾与苦痛，但因为在哲学上有从物质到精神的肯定，在心灵里有从执着到超脱的悟解，在人生上有从现实到理想的体认，所以也能化苦痛为愉悦，化矛盾为和谐。这便是他从人间社会归返到大自然去的原因与过程之所在。大自然确是身为形役的人们解脱烦恼的净土，看《归去来兮辞》开头就说"归去来兮，田园将芜胡不归"，对田园是何等的渴慕，才使得他看到自己的房屋，便高兴得跑起来了？所以说："乃瞻衡宇，载欣载奔。僮仆欢迎，稚子候门。三径就荒，松菊犹存。携幼入室，有酒盈樽。"是何等愉悦的心情？《陶征士诔》说："物尚孤生，人固介立，岂伊时遘，曷云世及？嗟乎若士，望古遥集。韬此洪族，蔑彼名级。睦亲之行，至自非敦；然诺之信，重于布言。廉深简洁，贞夷粹温。和而能峻，博而不繁。依世尚同，诡时则异，有一于此，两非默置。岂若夫子，因心违事？畏荣好古，薄身厚志。世霸虚礼，州壤推风。孝惟义养，道必怀邦。人之秉彝，不隘不恭。爵同下士，禄等上农。度量难钧，进退可限。长卿弃官，稚宾自免。子之悟之，何悟之辨？赋诗归来，高蹈独善。亦既超旷，无适非心。汲流旧巘，葺宇家林。晨烟暮霭，春煦秋阴，陈书缀卷，置书弦琴。居备勤俭，躬兼贫病。人否其忧，子然其命。隐约就闲，迁延辞聘。非直也明，是惟道性。纠缠斡流，冥漠报施。孰云与仁？实疑明智，谓天盖高，胡愆斯义？履信曷凭？思顺何置？年在中身，疢维痁疾。视死如归，临凶若吉。药剂弗尝，祷祀非恤。傃幽告终，怀和长毕。"这不仅说明了他的个性与一生的行事，而且刻画出他从人间社会归返到大自然去的过程。就在大自然的静照与新鲜陶醉里，一边是心灵的超脱，解放的欢悦，一边是绚烂辉煌的山水之美，在心物观照和自然永恒的呈现把握里，却完成了陶潜田园山水诗的创作。

第五章　陶潜的思想

　　陶潜在哲学上既有形上形下二重境界的肯定，所以在思想的产生上，也就以此二境界作为本源：对形上宇宙的认识，使他吸取了老庄精神与印度思想，对形下世界的肯定，使他接受了儒家的主张，这三者再结合他实际生活的体验，于是孕育出了他的思想和人生态度。

一、儒家的人生思想与陶潜

　　儒家起于北方，以孔孟为代表，梁启超论其思想精神说："北地苦寒硗瘠，谋生不易，其民族销磨精神日力，以奔走衣食，维持社会，犹恐不给，无余裕以驰骛于玄妙之哲理，故其学术思想，常务实际，切人事，贵力行，重经验，而修身齐家治国利群之道术，最发达焉；惟然，故重家族，以族长制度为政治之本，（封建与宗法，皆族长政治之圆满者也）敬老年，尊先祖，随而崇古之念重，保守之情深，排外之力强，则古昔，称先王，内其国，外夷狄，重礼文，系亲爱，守法律，畏天命，此北学之精神也。"（见《中国古代学术思想变迁史》）。可见儒家思想的产生是以现实的实际生活为背景的，也可以说是属于人间的。此人间不与天上对待口。是以他们所钻研的对象自然是一些讲利用厚生的现实人生问题，因之就不能不重经验，讲理智了。在儒家看来，人间的一切绝没有什么奥妙与神秘，一切都有道理可循，并且都可以理智去解决，人间的事物，如果有不了解的地方，就是因为人之理智的应用，还没有到穷尽的地步，所以《大学》谈修齐治平的道理，首在"致知在格物"。朱熹解释"格物致知"说："所谓致知在格物者，言欲致吾之知，在即物而穷其理也。盖人心之灵，莫不有如，而天下之物，莫不有理，惟于理有未穷，故其知有不尽也。是以《大学》始教，必使学者即凡天下之物，莫不因其已知之理而益穷之，以求至乎其极，至于用力之久，而一旦豁然贯通焉，则众物之表里精粗无不到，而吾心之全体大用无不明矣，此谓物格，此谓知之至也。"这是儒家对于人间一切事物观点态度的确切解释。就在把人间一切看作是清晰合理的基本精神上面，才完成了他们思想上的几个根本概念。例如在维持人间安定、生活秩序上，承受周之文化，由封建宗法引申而确立的忠君观念；又在巩固与持续人间生活秩序的永久上，建立了修齐治平，自内向外，以德治人治为基础的政治精神，《大学》说："是故君子先慎乎德，有德此有人。有人此有土，有土此有财，有财此有用。"在对保持社会生活秩序的安定关系中，却也陶铸出三种典型的人生态度，孔子说："不得中行而与之，必也狂狷乎，狂者进取，狷者有所不为也。"可见一种是"中道"，一种是"狂"，一种是"狷"，"中道"的态度多用于太平之世，所以孔子说："中庸之为德也，其至矣乎，民鲜久矣。"而"狂""狷"的态度，则惯用于季世之时，在末世的春秋时代里，中道者既不可得，是以夫子就不能不思狂狷了。陶潜的用世思想，就摄取了儒家思想的几个根本概念，在狂狷生活的渗透实践里，把它们具体化地表现了出来。

1.狂的人生态度

孔子说："隐居以求其志，行义以达其道。"这是狂狷的分野，而狂的人生态度，就建立在"行义以达其道"的冲动心理之上，在纷争乱离的季世里，不但王纲解纽，即使是世道人心，也都沦入混乱的状态里去。儒家的人生观，一向是肯定理智可以解决一切的，混乱纷争不是人间正常的现象，而是人间的一种变态过程，人间的正常现象应该是有秩序的，所以对一个无条理秩序的、缺乏理性的、离乱的末世社会，在抬高理智的权威里，很自然地就产生了"拨乱反正"的思想，例如孔子的"继绝世，举废国"，便是维持周室尊严，拯王业于将堕的拨乱反正之方策。但是在拨乱反正的观念里，却酝酿出了入世之"狂"的人生态度。"狂者进取"，是入世的表白，"行义以达其道"和"达则兼善天下"（孟子）是狂者入世的抱负，虽然"道之不行也，我知之矣"是夫子的绝望与嗟叹，然而周游四方，席不暇暖，栖栖皇皇，犹未尝放弃了用世的企图。例如《论语》说:"子路宿于石门,晨门曰:奚自?子路曰:自孔氏。曰:是知其不可而为之者与?"陶潜既然受了儒家思想的熏染,他的思想行为,自然也就蹈袭了儒家的故辙,这便是他用世的开始了。

(1)修齐治平理论的实践

《大学》说:"古之欲明明德于天下者,先治其国;欲治其国者,先齐其家;欲齐其家者,先修其身;欲修其身者,先正其心;欲正其心者,先诚其意;欲诚其意者,先致其知,致知在格物。"可见平天下是以修身作为基础的,《大学》也说:"自天子以至于庶人,壹是皆以修身为本。"因为儒家的政治思想,是反对法治,主张礼治、德治的,所以孔子说:"道之以政,齐之以刑,民免而无耻;道之以德,齐之以礼,有耻且格。"又说:"为政以德,譬如北辰,居其所而众星共之。"礼治、德治即是人治,在儒家看来,治人的君子应以道德为模范,使人效之,故言必称尧舜,与柏拉图的贤人政治理论相同。陶潜继承了儒家此种思想传统,遂肯定了治国平天下前先有修身准备的真实,《感士不遇赋》说:"独祇修以自勤,岂三省之或废?庶进德以及时,时既至而不惠。"然而,修身除了格物致知和三省的内发之修养以外,在外在的也要有知识的借鉴,六经既是儒家的圣经,也是治平之道的法典,所以《饮酒·其十六》说:"少年罕人事,游好在六经。"这是在六经里吸取修齐治平之知识的自述。可惜他这种治平的抱负终未实现,是以下面接着说:"行行向不惑,淹留遂无成。"但是他也绝不因为对现实的绝望,而对治平之道有丝毫的动摇,看《癸卯岁始春怀古田舍二首》

说："先师有遗训，忧道不忧贫。瞻望邈难逮，转欲志长勤。"（按此"道"即儒家的治国平天下之道，也可以说是人道。孔子说："人能弘道，非道弘人。"荀子也说："夫道非天之道，非地之道，人道也。"孟子亦如是。）《荣木序》说："总角闻道，白首无成。"诗说："先师遗训，余岂云坠？四十无闻，斯不足畏。脂我名车，策我名骥。千里虽遥，孰敢不至！"表现了对治平之道的执着与向往。也只有在治平之道的肯定真实与实践里，才能体会出人间是洋溢了条理秩序和合理，也只有在人间以合理为归的认识里，才奠定了追求为人间拨乱反正的心理基础。

（2）对人间现实的追求

因为陶潜有修齐治平的准备，又值所处的时代社会是那样地紊乱、不秩序、糟糕，所以他抱着儒家用世的心情，对这失掉了理智平衡的人间现实社会，开始去做拨乱反正的追求。《拟古九首》说："少时壮且厉，抚剑独行游。谁言行游近？张掖至幽州。"《杂诗·其五》说："忆我少壮时，无乐自欣豫。猛志逸四海，骞翮思远翥。"他对人间追求的结果，虽然得到了"时来苟冥会，宛辔憩通衢"的机会，但是这个机会给他带来的不是对人间拨乱反正的成就，而是"口腹自役"的内疚，所以《饮酒·其十》说："在昔曾远游，直至东海隅……此行谁使然？似为饥所驱。"《饮酒·其十九》也说："畴昔苦长饥，投耒去学仕。将养不得节，冻馁固缠己。是时向立年，志意多所耻。遂尽介然分，拂衣归田里。"《归去来兮辞序》也说："尝从人事，皆口腹自役，于是怅然慷慨，深愧平生之志。"他深深地体会到幻灭之苦。是以陶潜用世的热肠和拨乱反正的苦心，终于也没有把时代的混乱化归条理，把衰微的晋室起死回生，也不能不眼看着他所眷恋的旧朝随着时光消逝了。对人间现实的追求让他虽然感到命运的幻灭，但是依旧燃起再一次追求的火焰的，是刘裕建宋后他的情绪。《咏荆轲》诗说："燕丹善养士，志在报强嬴。招集百夫良，岁暮得荆卿。君子死知己，提剑出燕京；素骥鸣广陌，慷慨送我行。雄发指危冠，猛气冲长缨。饮饯易水上，四座列群英。渐离击悲筑，宋意唱高声。萧萧哀风逝，淡淡寒波生。商音更流涕，羽奏壮士惊。心知去不归，且有后世名。登车何时顾，飞盖入秦庭。凌厉越万里，逶迤过千城。图穷事自至，豪主正怔营。惜哉剑术疏，奇功遂不成。其人虽已没，千载有余情。"刘履说："此靖节愤宋武弑夺之变，思欲为晋求得如荆轲者往报焉，故为是咏，观其首尾句，意可见矣。"蒋薰也说："摹写荆卿出燕入秦，悲壮淋漓，乃知浔阳之隐，盖未尝不存子房博浪之志也。"《朱子语类》也说："渊明诗，人皆说平淡，余看他自豪放，但豪放得来不觉耳，其露出本相者，是《咏荆轲》一篇，平淡底人，如何说得这样言语出来？"这点化出了陶潜对人间现实始终没有放弃追求的心理。但是当时新朝的局势已定，纵然效子房博浪狙击的故事，也是无济于事的，所以就不能不歌咏殉葬死节的三良了。《咏三良》说："弹冠乘通津，但惧时我遗。服勤尽岁月，常恐功愈微。忠情谬获露，遂为君所私。出则陪文舆，入必侍丹帷。箴规向已从，计义初无亏。一朝长逝后，愿言同此归。厚恩固难忘，君命安可违！临穴罔惟疑，投义志攸希。荆棘笼高坟，黄鸟声正悲。良人不可赎，泫然沾我衣。"陶澍说："古人咏史，皆是咏怀，未有泛作史论者。渊明云："厚恩固难忘，投义志攸希。'此悼张祎之不忍进毒，而自饮先死也。况二疏明进退之节。荆轲寓报仇之志，皆是咏怀，无关论古。"这也很足以道破他眷眷晋室之胸怀。所以茅鹿门说："间读陶先生《咏三良》《咏荆轲》与《感士不遇赋》，其中多呜咽感慨之旨，予独疑其晋室之倾，窃欲按张子房故事，以五世相韩故，而行击博浪沙中者。然子房创谋虽无成，犹藉真人起丰沛，附风云，稍及依汉以亡秦也。嗟乎；先生独不偶，故其言曰：'一朝长逝后，愿言同此归。'又曰：'惜哉剑术疏，奇功遂不成，其人虽云没，千载有余情。'然则先生岂盼盼然歌咏泉石，沈冥麹蘖者而已哉。吾悲其心悬万里之外，九霄之上，独愤翮之縶而蹄之蹶，故不得已以诗酒自溺，踯躅徘徊，待尽丘壑焉耳。"西山真氏也说："或者徒知义熙以后不著年号，为耻事二姓之验，而不知其眷眷王室，盖有乃祖长沙公之心，独以力不得为，故肥遁以自绝，食薇饮水之言，衔木填海之喻，至深痛切，顾读者弗之察耳。"张溥《汉魏六朝百三家集题辞注》说："吴幼清亦云：元亮述酒荆轲等作，欲为汉相孔明，而无其资，呜呼，此亦知陶者。"复兴晋室与拨乱反正的事业既如此绝望，到此他也只好遁世了，这是《咏二疏》的心理基础。《咏二疏》说："大象转四时，功成者自去。借问衰周来，几人得其趣？游目汉廷中，二疏复此举。高啸返旧居，长揖储君傅。饯送倾皇朝，华轩盈道路。离别情所悲，余荣何足顾！事胜感行人，贤哉岂常誉！厌厌闾里欢，所营非近务。促席延故老，挥觞道平素。问金终寄心，清言晓未悟。放意乐余年，遑恤身后虑！谁云其人亡，久而道弥著。"汤东涧注说："二疏取其归，三良与主同死，荆卿为主报仇，皆托古以自见云。"黄文焕也说："咏二疏，三良,荆轲,想属一时所作,大约在禅宋后也。知止弃官,本朝犹不肯久恋,况事易代,此渊明之以二疏自比也。祚移君弑,有死而报恩如三良者乎?无人矣。有生而报仇如荆轲者乎?又无人矣。此则以吊古之怀,洒伤今之泪也。"

陶潜用世的结果,获得的只有空虚苦痛与烦恼,他虽然肯定理智有解决人间一切的力量,但是毕竟廓清不了人间的混乱,拯救不了旧朝的衰亡,不过他也并不因此而对理智做价值的否定。他仍然带了一副理智的慧眼,去搜寻他所不能克服的社会人间的乱源,所以《读〈山海经〉十三首·其十三》说:"岩岩显朝市,帝者慎用才。何以废共鲧,重华为之来。仲父献诚言,姜公乃见猜;临没告饥渴,当复何及哉!"他归纳出了帝贤而慎用才是登治世的原则,主昏而猜是沦为乱世的铁律,黄文焕说:"《读〈山海经〉》结乃旁及论史'当复何及哉'一语,大声哀号,盖从晋室所由式微之故,寄恨于此,使后人寻绎,知引援故实以慨世,非侈异闻也。"陶澍也说:"按晋自王敦、桓温,以至刘裕,共鲧相寻,不闻黜退?魁柄既失,篡弑遂成。此先生所为托言荒渺,姑寄物外之心,而终推本祸原,以致其隐痛也。"人间纷乱如此,晋室又不免易代,那么陶潜入世之狂的人生态度,到此已无用了,所以他乃化"有为"为"无为",化狂为狷了。

2.狷的人生态度

孔子说:"天下有道则见,无道则隐。"又说:"贤者避世。"这是狷者的理论根源。陶潜既生于季世，天下自然是无道的，又因对人间追求失败，无道的天下，在他看来正如漫长的黑夜，黎明难期，时事已到不可为的时候了，这是催迫他走向"避世"之路的鞭笞，是以他就接受了儒家"狷"的人生态度。朱文公语录说："隐者多是带性负气之人为之，陶欲有为而不能者也。"欲有为而不能，正是陶潜之狷的人生态度之心理基础。不过在欲有为而不能的里面，却也含摄着一个"有所不为"。魏鹤山说："（潜）有谢康之忠，而勇退过之。"勇退，便是有所不为的象征。因此孔子的"隐居以求其志"，着重在有所不为的一面，孟子的"穷则独善其身"，着重在欲有为而不能的一边，合此二者是对狷者的人生恰好的说明。陶潜也就是在这"求志""善身"里，反映着儒家的道德思想标准。

（1）对忠君观念的执着

忠君观念的来源，起于重阶级的封建与宗法制度之精神。孔子说："君君，臣臣，父父，子子。"有子也说："其为人也孝弟，而好犯上者鲜矣；不好犯上而好作乱者，未之有也。"可见儒家这种严阶级的政治制度，是以"孝弟"作为基础的，这也就是梁启超所谓"以族长制度为政治之本"者，由于此种制度精神的引申，便有忠君观念之确立。陶潜虽然觉得天下无道，事不可为，走了贤者避世的途径，但在维持忠臣观念的尊严上，他却一点也不逃避，而是那么地执着、严肃。例如《述酒》一篇，即是哀恭帝而作的。（按晋元熙二年六月，刘裕废恭帝为零陵王，明年以毒酒一罂授张祎，使鸩王，祎自饮而卒，继又令兵人逾垣进药，王不肯饮，遂掩杀之，此诗所为作，故以《述酒》名篇也。）

重离照南陆，鸣鸟声相闻。秋草虽未黄，融风久已分。素砾皛修渚，南岳无余云。豫章抗高门，重华固灵坟。流泪抱中叹，倾耳听司晨。神州献嘉粟，西灵为我驯。诸梁董师旅，芊胜丧其身。山阳归下国，成名犹不勤。卜生善斯牧，安乐不为君。平王去旧京，峡中纳遗薰。双陵甫云育，三趾显奇文。王子爱清吹，日中翔河汾。朱公练九齿，闲居离世纷。峨峨西岭内，偃息常所亲。天容自永固，彭殇非等伦。

"重离照南陆，鸣鸟声相闻。"此言晋室南渡之初，一时诸贤犹盛也。"秋草虽未黄，融风久已分。"此谓晋室南渡，国虽未末而势之分崩久矣。"素砾皛修渚，南岳无余云。"是说东晋的气数全尽。"豫章抗高门，重华固灵坟。"豫章指刘裕（裕曾封豫章郡公），高门，天子之门，舜名重华，借以比让国的恭帝，说刘裕做了皇帝，恭帝只剩下一个坟。"流泪抱中叹，倾耳听司晨。"是说他自己眼看篡夺弑帝的大变，只有流泪抱叹，夜耿耿而达曙也。"神州献嘉粟，西灵为我驯。"是指刘裕伪造祥瑞，以为受禅根据，如义熙十四年，巩县人献嘉禾，又恭帝禅位诏有"四灵效征"等都是。"诸梁董师旅，芊胜丧其身。"此借叶公杀白公胜事以比刘裕的诛翦晋宗室之有才望者。"山阳归下国，成名犹不勤。"陶澍注说："山阳即谓零陵，山阳已归下国矣，而犹不免于弑，极愤裕之不忍也。""卜生善斯牧，安乐不为君。"黄文焕说："此用庄子牧乎君乎之语，为天子而不自保其身，即求为人牧，亦何可得。自卜此生者，宁以牧为安乐，而不愿为君也。""平王去旧京。峡中纳遗薰，双陵甫云育，三趾显奇文。"陶澍说："平王去旧京以下，谓晋自迁江左，而中原没于鲜卑，刘裕平姚泓。修复晋五陵，置守卫，国耻甫雪，而篡弑已成也……晋五陵在洛阳，不敢显言五陵，故曰双陵。三趾，乃曹魏受禅之祥……裕受禅时，太史令亦陈符瑞天文数十事也。""王子爱清吹，日中翔河汾。朱公练九齿，闲居离世纷。"按王子晋好吹笙，此托言晋也。朱公者，陶也。意思是说晋朝已亡，姓陶的只能隐居避世了。"峨峨西岭内，偃息常所亲，天容自永固，彭殇非等伦。"西岭是指恭帝所葬之地，说恭帝偃息丘山，天容自固，岂可与寻常的寿夭并论？所以吴师道说："陶公此诗，愤其主弑国亡，而末言游仙修炼之适，且以天容永固，彭殇非伦赞其君，极其尊爱之至，以见乱臣贼子乍起倏灭于天地之间者，何足道哉。陶公胸次，冲澹和平，而忠愤激烈，时发其间，得无交战之累乎？洪庆善之论屈子，有曰：屈原之忧，忧国也；其乐，乐天也。吾于陶公亦云。"实在是他忠君思想的表现。至若《拟古》九首的"忽值山河改""门庭日荒芜""饥食首阳薇，渴饮易水流"，这更是他亡国遗臣的哀感了。然而隐居避世的陶潜，虽有强烈的忠君观念，但在事实上既不能积极地复兴晋室，惩创刘裕，所以就不能不消极地对乱臣贼子去口诛笔伐了。《读〈山海经〉十三首·其九》说："夸父诞宏志，乃与日竞走。俱至虞渊下，似若无胜负。神力既殊妙，倾河焉足有！余迹寄邓林，功竟在身后。"陶澍说："此盖笑宋武垂暮举事，急图禅代，而志欲无厌，究其统绪所贻，不过一隅之荫而已，乃反言若正也。"《读〈山海经〉十三首·其十一》也说："巨猾肆威暴，钦䲹违帝旨。窫嬴强能变，祖江遂独死。明明上天鉴，为恶不可履。长枯固已剧，鵁鶄岂足恃。"陶澍说："此篇为宋武弑逆作也。"陈祚明也说："不可如何，以笔诛之，今兹不然，以古征之，人事既非，以天临之。"因之对于全始终的义士，也备极歌颂，《拟古九首》说："闻有田子泰，节义为士雄。斯人久已死，乡里习其风。生有高世名，既没传无穷。不学狂驰子，直在百年中。"由此也就胚胎出他耻事二姓的观念。《宋书·陶潜传》说："自以曾祖晋世宰辅，耻复屈身异代，自高祖王业渐隆，不复肯仕，所著文章，皆题其年月，义熙以前，则书晋氏年号，自永初以来，唯云甲子而已。"朱熹也说："陶元亮自以晋世宰辅子孙，耻复屈身后代，自刘裕篡夺势成，遂不肯仕，虽功名事业，不少概见，而其高情逸想，播于声诗者，后世能言之士，皆自以为莫能及也。盖古之君子，其于天命民彝，君臣父子，天伦大法所在，惓惓如此，是以大者既立，而后节概之高，语言之妙，乃有可待而言者。"张溥《汉魏六朝百三家集题辞注》也说："古来咏陶之作，惟颜清臣称最相知，谓其公相子孙，北窗高卧，永初以后，题诗甲子，志犹张良思报韩，龚胜耻事新也，思深哉，非清臣孰能为此言乎……君臣大义，蒙难愈明，仕则为清臣，不仕则为元亮，舍此则华歆傅亮，让袂劝进，三尺童子，咸羞称之，此昔人所以高杨铁崖而卑许平仲也。"吴澄《詹若麟渊明集补注序》也说："予尝谓楚之屈大夫，韩之张司徒，汉之诸葛丞相，晋之陶征士，是四君子者。其制行也不同，其遭时也不同，而其心一也，一者何？明君臣之义而已……渊明坐视强臣之移国，而莫如之何也……莫如之何者，将没世而莫之知，则不得不托之空言，以泄忠愤，此予所以每读陶诗，而为之流涕太息也……陶子之诗，悟者尤鲜，其泊然冲淡而甘无为者，安命分也，其慨然感发而欲有为者，表志愿也……呜呼！陶子无昭烈之可辅以图存，无高皇之可倚以复仇，无可以伸其志愿，而寓于诗，使后之观者，又昧昧焉，岂不重可悲也哉！"汤东涧《靖节先生诗注·自序》也说："陶公不事异代之节，与子房五世相韩之义同，既不为狙击震动之举，又时无汉祖者可托以行其志，故每寄情首阳易水之间，又以《荆轲》继《二疏》《三良》而发咏，所谓'拊己有深怀，履运增慨然'者，读之，亦可以深悲其志也已。平生危行言孙，至述酒之作，始直吐忠愤，然犹乱以廋辞，千载之下，读者不省为何语，是此翁所深致意者。迄不得白于后世，尤可以使人增歔而累叹也。"所以赵钝叟论陶潜说："渊明灵运，同为晋室勋臣之裔，灵运浮沉禅代，袭爵康乐，晚乃自悔，有韩亡秦帝之语，博浪未椎，身名并陨，以坠家声，惜哉！独渊明解组，肆志鸿冥，鼎革之间，不友不臣，易纪元以甲子，凛然春秋大义，虽寄怀沈缅，而德辉弥上，殆首阳之展禽，箕山之接舆也。"这道破了陶潜从忠君观念里而荡漾出来的人格上的成就。由此可知陶潜的猖之人生态度，是出于积极的儒家，与南楚的消极的避世隐者的猖之人生态度不同，《论语》说："子路从而后，遇丈人，以杖荷蓧，子路问曰：'子见夫子乎？'丈人曰：'四体不勤，五谷不分，孰为夫子？'植其杖而芸。子路拱而立。止子路宿，杀鸡为黍而食之，见其二子焉。明日，子路行，以告。子曰：'隐者也。'使子路反见之，至，则行矣。子路曰：'不仕无义，长幼之节，不可废也；君臣之义，如之何其废之？欲洁其身，而乱大伦。君子之仕也，行其义也。道之不行，已知之矣。'"看子路以荷蓧丈人废君臣之义，而批评他"欲洁其身，而乱大伦"。则知陶潜执着于忠君的狷之人生态度是出自儒家，而绝不是南楚的隐者精神，虽然他有"遥遥沮溺心，千载乃相关"（《庚戌岁九月中于西田获早稻》）的话。这是他人生的积极处，也是他的苦痛处。

（2）对固穷理论的拥抱

《论语》说："（孔子）在陈绝粮，从者病，莫能兴，子路愠见，曰：'君子亦有穷乎？'子曰：'君子固穷，小人穷斯滥矣。'"可见儒家固穷理论的形成，是出于对现实的不得已。孔子又说："君子谋道不谋食。耕也，馁在其中矣；学也，禄在其中矣。君子忧道不忧贫。"由固穷理论的引申，产生儒家的忧道不忧贫的人生精神。所以孔子又说："饭疏食饮水，曲肱而枕之，乐亦在其中矣。不义而富且贵，于我如浮云。"这是固穷理论实践的顶峰。陶潜既然鲜体世纷，远离现实，物质生活陷入一种贫困的状态，因之他很自然地就接受了儒家这种理论，而做了一位安贫乐道的固穷之实践者。虽然在他从不义而富且贵的人间，归宿到固穷而有道的理想境界里，经过了一个苦痛的贫富交战的历程（参考上章《陶潜的经济生活》节）。是以汤东涧说："按（潜）诗中书本志少，说固穷多，夫惟忍于饥寒之苦，而后能存节义之间，西山之所以有饿夫也，世土贪荣禄，事豪侈，而高谈名义，自方于古人，余未之信也。"确实说明了陶潜以饥寒的代价去完成节义和终于归结到安贫乐道的精神心理。所以只有在"君子固穷"的观念里，才能追求人生的奇趣，超越现实的物质痛苦。刘朝箴说："靖节平淡自得，无事修饰，皆有天然自得之趣，而饥寒困穷，不以累心，但足其酒，百虑皆空矣。"（酒虽属物质不易得，但陶潜亲旧多置酒招之，故足酒与其固穷无关。)这反映着为了精神的自由,陶潜是如何拥抱固穷理论的。

　　儒家的人生思想与陶潜,一边是加强他生存的意志,去做人生的肯定,一边也因为他肯定人生,却体验尽了人间的痛苦,黄维章文焕《陶诗析自序》说:"钟嵘品陶,徒曰隐逸之宗,以隐逸蔽陶,陶又不得见也。析之以忧时念乱,思扶晋衰,思抗晋禅,经济热肠,语藏本末,涌若海立,屹若剑飞,斯陶之心胆出矣。若夫理学标宗,圣贤自任,重华孔子,耿耿不忘,六籍无亲,悠悠生叹,汉魏诸诗,谁及此解?斯则靖节之品位,竟当俎豆于孔庑之间,弥朽而弥高者也。"但这反铸了陶潜苦痛的根源,虽然在解脱苦痛的过程里,他表现了狂与狷的两种典型的生活态度。陆树声《长水日抄》说:"陶渊明饮酒田园诸作,见者若疑其为闲淡绝物,散诞自居也,而不知其雅操坚持、苦心独复处。观其诗曰:'凄凄失群鸟,日暮犹独飞。徘徊无定止,夜夜声转悲。厉响思清远,去来何依依。'又云:'劲风无荣木,此荫独不衰。托身已得所,千载不相违。'其特立惕厉若此。至其会意忘言处,心境廓然,此正独复从道处,亦所谓忧世乐天,并行不悖。"而其精神人格仍着重在人世之狂的一边,所以周正夫说:"人言陶渊明隐,渊明何尝隐,正是出耳。"然而"出"的结果是什么?人事的追求与幻灭,人生的烦恼与痛苦,人间的盲目愚昧,混乱无条理,一切使陶潜感到人间的悲哀了,他要化悲哀为愉悦(因为陶潜的哲学是肯定宇宙为一和谐系统的,不过人生与人间,在他看来是凌乱、忧苦,不是和谐,而是矛盾的),所以他就不能不把注视人间社会的眼光视线,转向天上,转向大自然,在那里他发现了宇宙的本体,他契合了宇宙的永恒,他也获得了超人的愉悦，他反转来回视人间社会，他也看清楚了人间的空幻与不真实，因之他就解脱了一切尘世的烦恼、苦痛，得到孤寂心神的崇高喜悦和高傲的狂欢。到此，陶潜乃从着重人生思想的儒家，归到"追问宇宙究竟"的老庄思想里去了。

二、陶潜与老庄的宇宙思想

荀子《解蔽篇》说："庄子蔽于天而不知人。"可知老庄思想是以宇宙思想为主，人生思想为副。对天人所追求的不同，正是老庄与儒家思想的分野。儒家的实践哲学，是不谈鬼神（子不语怪力乱神），不谈生死（季路问事鬼神，子曰："未能事人，焉能事鬼。"敢问死，曰："未知生，焉知死。"），不谈形而上学，只注重实际的现实人生，因之这个思想态度便有一个大缺点，那就是不彻底，儒家尽管深信理智可以解决一切，但是如果有人进一步去追问：理智是否有解决一切的本事？一切的道德标准，是否有建设的可能？鬼神生死的不谈，是否能令别人心里不想？儒者便瞠目不知所对了。老庄思想便没有儒家这种肤浅、模糊、不彻底的态度，他们研究的对象，是宇宙最根本的形上问题。陶潜既然在用世的过程里，体验到儒家所肯定的合理、秩序的人间社会是矛盾混乱和一团糟糕，所以他就不能不面向着宇宙形上的理境去搜求安慰，因此便很容易地接受了老庄的宇宙思想，并且化老庄的思想为其思想的一部分。

1."道"

　　老庄宇宙思想最基本的问题是在谈"道"，老子说："人法地，地法天，天法道。"可见老庄之所谓"道"，是"天道"而非人道，"天道者，天之所本也"，道是宇宙的本体，是宇宙的主宰，也可以说是宇宙万物所以生的总原理，它一方面超绝于万物现象界之上，同时又贯注于万物现象界之中，有时叫作"造化"。（《淮南子·原道训》："与造化者俱。"）有时叫作"太乙"。（《吕氏春秋·大乐篇》："道也者，至精也，不可为形，不可为名，强为之，谓之太一。"太一即太乙。）陶潜也有这种观念，《怨诗楚调庞主簿邓治中》说："天道幽且远，鬼神茫昧然。"这是对于超现象界的道体之意识。《神释》说："大钧无私力，万物（一作理）自森著。""大钧"是天，即也是"道"，贾谊《鵩鸟赋》："大钧播物……"颜师古注说："如淳曰：'陶者作器于钧上，此以造化为大钧也。'……师古曰：今造瓦者谓所转者为钧，言造化为人，亦犹陶之造瓦耳。"《鵩鸟赋》又说："且夫天地为炉兮，造化为工；阴阳为炭兮，万物为铜。合散消息，安有常则？千变万化，未始有极。"以大钧为造化，正说明了"道"为宇宙的主宰处，为宇宙万物所以生的总原理处。所以《连雨独饮》也说："运生会归尽，终古谓之然。"所谓"运"，便是道的作用，"运生"更是道为宇宙生之本体的指明。《咏二疏》也说："大象转四时，功成者自去。""大象"是造物主，也即是所谓"道"。道不是现象的，而是永恒的。所以当陶潜体验到人生的短促，对生死感到压迫与苦痛的时候，自然便以道为归宿了。在道体的契合里，他获得了精神上永恒的大解放，《形影神三首》诗正是从生死执着到生死超越的一个解放过程。诗序说："贵贱贤愚，莫不营营以惜生，斯甚惑焉；故极陈形影之苦，言神辨自然以释之。好事君子，共取其心焉。"《形赠影》说："天地长不没，山川无改时。草木得常理，霜露荣悴之。谓人最灵智，独复不如兹。适见在世中，奄去靡归期。奚觉无一人，亲识岂相思。但余平生物，举目情凄洏。我无腾化术，必尔不复疑。愿君取吾言，得酒莫苟辞。"何悼说："此篇言百年忽过，行与草木同腐，此形必不可恃，当及时行乐。"是生死执着的苦痛。《影答形》说："存生不可言，卫生每苦拙。诚愿游昆华，邈然兹道绝。与子相遇来，未尝异悲悦。憩荫若暂乖，止日终不别。此同既难常，黯尔俱时灭。身没名亦尽，念之五情热。立善有遗爱，胡为不自竭？酒云能消忧，方此讵不劣。"是役于"名"的悲哀，只有神才能超越解脱生死浮名的烦恼。《神释》说："大钧无私力，万物自森著。人为三才中，岂不以我故。与君虽异物，生而相依附。结托既喜同，安得不相语。三皇大圣人，今复在何处？彭祖爱永年，欲留不得住。老少同一死，贤愚无复数。日醉或能忘，将非促龄具？立善常所欣，谁当为汝誉？甚念伤吾生，正宜委运去。纵浪大化中，不喜亦不惧。应尽便须尽，无复独多虑。"叶梦得说："渊明作形影相赠与神释之诗，自谓世情惑于惜生，故极陈形影之苦，而释以神之自然，《形赠影》曰：'愿君取吾言，得酒莫苟辞。'《影答形》曰：'立善有遗爱，胡为不自竭？'形累于养而欲饮，影役于名而求善，皆惜生之辞也。故《神释》曰：'日醉或能忘，将非促龄具？'所以辨养之累。曰：'立善常所欣，谁当为汝誉？'所以解名之役……是以极其释曰：'纵浪大化中，不喜亦不惧，应尽便须尽，无复独多虑。'此乃不以生死祸福动其心，泰然委顺，乃得神之自然耳。此公天姿超迈，真能达生而遗世。"可见陶潜肯定宇宙里最真实根本的东西是"大化"，也就是道体，所以只要在大化里去拥抱道体，自然对现象外生生灭灭以及小小不然的变动，便毫没有值得注意的价值了。由于以此种信念出发，结果便觉得虑淡物轻，如《五月旦作和戴主簿》说："居常待其尽，曲肱岂伤冲。"《杂诗·其四》说："百年归丘垄，用此空名道。"《饮酒·其十四》也说："不觉知有我，安知物为贵。"《咏二疏》也说："问金终寄心，清言晓未悟。放意乐余年，遑恤身后虑。"正是由此信念所激荡出来的感觉。此外《饮酒·其五》说："结庐在人境，而无车马喧。问君何能尔？心远地自偏。采菊东篱下，悠然见南山。山气日夕佳，飞鸟相与还。此中有真意，欲辨已忘言。"《读〈山海经〉·其一》说："孟夏草木长，绕屋树扶疏。众鸟欣有托，吾亦爱吾庐。既耕亦已种，时还读我书。穷巷隔深辙，颇回故人车。欢言酌春酒，摘我园中蔬。微雨从东来，好风与之俱。泛览周王传，流观山海图。俯仰终宇宙，不乐复何如？"像这一种境界，也绝不是没有道的信念的人所能够体会出来的，这里面实在有陶潜所接受的老庄之思想基础在，有陶潜的高远之人格在。至于《与子俨等疏》的"少学琴书，偶爱闲静，开卷有得，便欣然忘食。见树木交荫，时鸟变声，亦复欢然有喜。常言五六月中，北窗下卧，遇凉风暂至，自谓是羲皇上人"和《五柳先生传》

所说的生活态度，也完全是从这里的肯定之观念里所孕育出来的生活型。

（2）"运"

老庄以为这种作为宇宙本体的"道"，其性质乃是动的。即所谓"运"。因为依庄周的意见，第一，宇宙内一切事物，无时不在变化中，故一切事物的本身，不是最后的真实，不过从此至彼、从彼至此而已。《秋水篇》说："物之生也，若骤若驰。无动而不变，无时而不移。"如问最后之真实是什么，那便是透过现象所见的道体了。第二，事物万象为变化之流，在此变化之流里可看出事物之本源为一体，《庄子·寓言》说："万物皆种也，以不同形相禅。"郭象注说："虽变化相代，原其气则一。"可见万物循环变化，最后乃以"道"为宗主，道是永久的，所谓永久，乃是变化的永久，也即是说变化的本身，是一个永久的过程，但是在变中也可以观常，道即是常，即是一，也即是生生之理。陶潜在他的形上哲学里本来对宇宙就有化运的肯定，与老庄以道的性质为动的理论相同，陶潜以"大化"为永恒的时间之本体，是无善恶的表现的，这相当于老庄所谓有动性的道体，他又以"运"为时间现象，是表现善恶的，相当于老庄所谓事物变化的现象过程。不过他们所不同的是，老庄以为化运既是道的流行，是极自然的，非人力所能左右，因之主张人对化运的流迁成毁也要不动感情。例如《至乐篇》谓庄子妻死，鼓盆而歌，答惠子问曰："是其始死也，我独何能无慨然？察其始而本无生；非徒无生也，而本无形；非徒无形也，而本无气。杂乎芒芴之间，变而有气，气变而有形，形变而有生。今又变而之死，是相与为春秋冬夏四时行也。人且偃然寝于巨室，而我嗷嗷然随而哭之，自以为不通乎命，故止也。"是庄子视生死为大道连续运行之表现，所以《秋水篇》说："道无终始，物有死生。"郭象注说："死生者，无穷之变耳，非终始也。"这样他当然可以对化运之流里所包含的一切成毁不动感情了，纵然是动情，他也可以"以理化情"，达到哀乐不能入的地步。陶潜虽然也如老庄似的肯定了一个无善恶的道体流行之大化，但是在大化的表现上面，却又提出了一个附丽着善恶价值"运"的观念来。（老庄心目中的运是无善恶价值的，这是他们的分别。）在所谓陶潜的运的观念下，既有兴衰，也有成败，更有祸福，于是便役于情了。第一，对兴衰的感叹。《荣木》说"采采荣木，结根于兹。晨耀其华，夕已丧之""采采荣木，于兹托根。繁华朝起，慨暮不存"。《饮酒·其一》说："衰荣无定在，彼此更共之。邵生瓜田中，宁似东陵时！寒暑有代谢，人道每如兹。"《杂诗十二首·其三》说："荣华难久居，盛衰不可量。昔为三春蕖，今作秋莲房。"第二，悲祸福的无常。《感士不遇赋》说："商尽规以拯弊，言始顺而患入。奚良辰之易倾，胡害胜其乃急。"《荣木》也说："贞脆由人，祸福无门。匪道曷依？匪善奚敦？"第三，功成不居的肯定。由于兴衰祸福的体验，所以归纳出功成不居的定理，老子也说："生而不有，为而不恃，功成而不居，夫惟不居，是以不去。"不居不去，正是这种理论精义所在。所以《咏二疏》说："大象转四时，功成者自去。"

实在是基于他对兴衰祸福企图超越的心理。第四，由于兴衰的无常，所以激荡起他对人生短促的烦恼情绪，而感到人生若寄的苦痛，《荣木》说："人生若寄，憔悴有时。静言孔念，中心怅而。"《游斜川序》也说："悲日月之遂往，悼吾年之不留。"《岁暮和张常侍》也说："民生鲜长在，矧伊愁苦缠。屡阙清酤至，无以乐当年。穷通靡攸虑，憔悴由化迁。抚己有深怀，履运增慨然。"《还旧居》也说："常恐大化尽，气力不及衰。"《己酉岁九月九日》也说："万化相寻绎，人生岂不劳？从古皆有没，念之中心焦。"第五，因之也就慨叹时光的飞逝，《停云》说："日月于征。"《荣木》也说："徂年既流。业不增旧。"《赠长沙公》也说："同源分流，人易世疏。慨然寤叹，念兹厥初。礼服遂悠，岁月眇徂。"《杂诗·其一》也说："盛年不重来，一日难再晨。及时当勉励，岁月不待人。"《杂诗·其二》也说："日月掷人去。"《杂诗·其七》也说："日月不肯迟，四时相催迫，寒风拂枯条，落叶掩长陌。"《杂诗·其十》也说："闲居执荡志，时驶不可稽……岁月有常御，我来淹已弥……庭宇翳余木，倏忽日月亏。"第六，结果是对衰老的感嗟，《杂诗·其三》说："日月还复周，我去不再阳，眷眷往昔时，忆此断人肠。"《杂诗·其五》也说："荏苒岁月颓，此心稍已去。值欢无复娱，每每多忧虑。气力渐衰损，转觉日不如。壑舟无须臾，引我不得住。前途当几许，未知止泊处。古人惜寸阴，念此使人惧。"《杂诗·其六》也说："昔闻长者言，掩耳每不喜。奈何五十年，忽已亲此事。求我盛年欢，一毫无复意。去去转欲速，此生岂再值。"《杂诗·其七》也说："弱质与运颓，玄鬓早已白。素标插人头，前途渐就窄。家为逆旅舍，我如当去客。去去欲何之？南山有旧宅。"第七，有时候也兴起吊古的意识。《拟古九首》说："迢迢百尺楼，分明望四荒，暮作归云宅，朝为飞鸟堂。山河满目中，平原独茫茫。古时功名士，慷慨争此场。一旦百岁后，相与还北邙。松柏为人伐，高坟互低昂。颓基无遗主，游魂在何方！荣华诚足贵，亦复可怜伤。"在吊古中，他甚至肯定了荣华富贵等价值的不真实。可见陶潜面对着化运，是如何地不能已于情了。就理智上说，这是陶潜不及老庄的地方，但就情感上说，又是老庄不如陶潜的地方，这也可以暗示出哲人与诗人的分野所在。不过陶潜有时候在化运的流迁里也是不动情的，《连雨独饮》诗："形骸久已化，心在复何言。"《始作镇军参军经曲阿作》诗："聊且凭化迁。"《酬刘柴桑》说："穷居寡人用，时忘四运周。"《戊申岁六月中遇火》说："形迹凭化往，灵府长独闲。"《自祭文》也说："余今斯化，可以无恨。"但这是一刹那，旋即超入到感情的领域里去，在化运的观念下偶尔的不动感情，这是陶潜的旷达处，在化运里而为情所束缚，这又是他的情深处。本来由"道"而产生出来的宇宙万象万物，是时刻都在变动中的，如追问宇宙的最后真实问题，当然结论只有归结到宇宙本体的"道"上去，所以浮沉在变化之流里的人们，如认为宇宙万事万物的变迁流化，是一种大道运行的自然现象，而无动于终（像老庄似的），这又未免陷入对生活的全盘否定，只有陶潜的情与不情的生活态度，才是最健康的人生。陶潜对"运"的体验，就方便上说，虽源于老庄，但在运用上，他却超出老庄了。

3.自然

老庄既然肯定了"道"是宇宙的本体,其性质乃是动的(即所谓"运"),所以在道运的过程里,又肯定了"自然"道的具体表现。老子说:"道法自然。""自然"之确切的内涵虽不易说,但勉强言之,亦不外二义:就广义说,所谓"自然"是指的具体的自然界,就狭义说,"自然"则指万物本身各自尽性的自然状态,是以道法自然的解释,由前者便知从自然界里可以明"道",由后者则知从万物各自的自然尽性里也可以见"道"。何晏《无名论》说:"夏侯玄曰:'天地以自然运,圣人以自然用。'自然者,道也。"(见《列子·仲尼篇》注引),可见祖述老庄的何晏,竟说"道"就是"自然",《王弼老子注》解释老子"天地不仁以万物为刍狗"也说:"天地任自然,无为,无造。"郭象《庄子注》也说:"天者,自然也。自然既明,则物待其道也。"(《天道篇》注)又说:"天地者,万物之总名也。天地以万物为体,而万物必以自然为正。自然者,不为而自然者也。"(《逍遥游》注)又说:"无既无矣,则不能生有。有之未生,又不能为生。然则生生者谁哉?块然而自生耳。自生耳,非我生也。我既不能生物,物亦不能生我,则我自然矣。自己而然,则谓之天然。天然耳,非为也,故以天言之,以天言之,所以明其自然也,岂苍苍之谓哉,而或者谓天籁役物使从己也。夫天且不能自有,况能有物哉,故天也者,万物之总名也。莫适为天,谁主役物乎?故物各自生而无所出焉。此天道也。"(《齐物论》注)可见宇宙万物是自然的,出于自然,为于自然,即其变异,也是起于自然。郭象说："物各自然，不知所以然而然，则形虽称异，其然称同也。""夫天地万物，变化日新，与时俱往，何物萌之哉? 自然而然耳。""万物万情，趣舍不同，有若真宰使之然也。起索真宰之朕迹而亦终不得，则明物皆自然，无使物然也。"(《齐物论》注) 由上所引论，可知宇宙的万象万物，都是以自然为归，自然也就是道的最高表现。陶潜生在老庄的自然主义最流行的时代里，很容易就接受了老庄的道法自然的观念。就具体方面说，他是极爱好大自然的。因为自然界的唯一特点，是没有人为，没有强制，是很合乎"道"的。《归园田居》说："少无适俗韵，性本爱丘山。误落尘网中，一去三十年。羁鸟恋旧林，池鱼思故渊。开荒南野际，守拙归园田……久在樊笼里，复得返自然。"《始作镇军参军经曲阿作》也说："目倦川途异，心念山泽居。望云惭高鸟，临水愧游鱼。"《庚子岁五月中从都还阻风于规林·其二》说："静念园林好，人间良可辞。"看他如此喜欢大自然，完全是因为在大自然里可以解除人间社会的强制、束缚，和人为的一切，而极契合"道"的缘故。就抽象方面说，他也肯定万物的尽性是自然的"道"之表现。所以《归去来兮辞序》说："质性自然，非矫厉所得。饥冻虽切，违己交病。"因此，陶潜可说是一位十足的自然主义者，其渊源是老庄的自然观念。

从"自然"的观念出发，便又产生了几种思想：第一，由于对自然界的亲切观察，便发现了宇宙之物质的方面：就是人类也不过是物质世界里的物质之一。《拟挽歌辞三首》说："死去何所道，托体同山阿。"第二，是基于对物质的认识，便有一种终归于尽的感觉，《影答形》说："身没名亦尽。"《和刘柴桑》也说："去去百年外,身名同翳如。"《饮酒·其十一》也说："客养千金躯,临化消其宝。"第三,"物质"的人虽然是要终归于尽,但在未尽时仍然要把握刹那的物质价值,《读〈山海经〉·其五》说:"在世无所须,惟酒与长年。"《拟挽歌辞三首》说:"但恨在世时,饮酒不得足。""春醪生浮蚁,何时更能尝?"第四,由于物质的终归消灭,所以一转便是庄周的齐物思想,《拟挽歌辞三首》说:"千秋万岁后,谁知荣与辱?"《自祭文》也说:"宠非己荣,涅岂吾缁?""匪贵前誉,孰重后歌?"《饮酒·其十一》也说:"裸葬何必恶,人当解意表。"《咏贫士其六》也说:"所乐非穷通。"第五,由于观察自然中春夏秋冬之代谢,所以有"草荣识节和,木衰知风厉"(《桃花源诗》)的肯定,把这种结果引到人生上,便是任运而化的处世态度了。《归去来兮辞》说:"曷不委心任去留?……聊乘化以归尽,乐夫天命复奚疑!"第六,因为肯定万物的本性都是自然的,所以他也以适性自然,《五月旦作和戴主簿》说:"迁化或夷险,肆志无窊隆。"《始作镇军参军经曲阿作》也说:"真想初在襟,谁谓形迹拘。"《归园田居·其三》说:"衣沾不足惜,但使愿无违。"《饮酒·其九》也说:"违己讵非迷。"《饮酒·其十九》也说:"是时向立年,意志多所耻。遂尽介然分,拂衣归田里。"《感士不遇赋》也说:"宁固穷以济意,不委曲而累己。"第七,因为主张自然,反对人为,反对强制,所以喜欢保真,喜欢淳朴。在《庄予·渔父》中有:"真者所以受于天也,自然不可易也。故圣人法天贵真,不拘于俗。愚者反此,不能法天而恤于人,不知贵真,禄禄而受变于俗。"在陶潜也同样有:"自真风告逝,大伪斯兴,闾阎懈廉退之节，市朝驱易进之心。"（《感士不遇赋》）。"举世少复真"（《饮酒·其二十》），"三五道邈，淳风日尽"（《扇上画赞》）的慨叹，但却也提出了"抱朴守静，君子之笃素"的宣言，是以他的人生态度是"傲然自足，抱朴含真"（《劝农》），"任真无所先"（《连雨独饮》）"养真衡茅下，庶以善自名"（《辛丑岁七月赴假还江陵夜行涂口》），"推诚心而获显，不矫然而祈誉"（《感士不遇赋》）。

4.爱生贵身

这个观念虽属于老庄的人生思想部分，但他们的人生思想却是从宇宙思想引申而来的。（由老子的"人法地，地法天，天法道"可见。）所以老子说："天地长久。天地所以能长且久者，以其不自生，故能长生。是以圣人后其身而身先，外其身而身存，非以其无私邪，故能成其私。"《庄子·山木》也说："弟子问于庄子曰：'昨日山中之木，以不材得终其天年：今主人之雁，以不材死。先生将何处？'庄子笑曰：'周将处夫材与不材之间。材与不材之间，似之而非也。'"《让王》也说："能尊生者，虽贵富不以养伤身，虽贫贱不以利累形。今世之人居高官尊爵者，皆重失之。见利轻亡其身，岂不惑哉！"又说："道之真以治身，其绪余以为国家，其土苴以治天下。由此观之，帝王之功，圣人之余事也，非所以完身养生也。今世俗之君子，多危身弃生以殉物，岂不悲哉！"这完全是从"贵身爱生"一观念里所激荡出来的思想，老聃指出了保身之道，庄周则兼说明了害生危身的事情都要避免之理，陶潜承袭了这种理论，所以他第一也是爱生。《九日闲居》说："世短意常多，斯人乐久生。"伤生的事体他也是不做的，《神释》说："甚念伤吾生，正宜委运去。"第二，是贵身。《饮酒·其三》说："道丧向千载，人人惜其情。有酒不肯饮，但顾世间名。所以贵我身，岂不在一生？一生复能几，倏如流电惊。鼎鼎百年内，持此欲何成！"看陶潜因为贵身，所以就连带着弃名，本来名是身外之物，与身根本不相干，有时倒反为身累，在老子里就有"名与身孰亲"的问题，也有"功成名遂身退"，不以名累身的定理。《饮酒·其十一》说："颜生称为仁，荣公言有道。屡空不获年，长饥至于老。虽留身后名，一生亦枯槁。死去何所知，称心固为好。"何孟春注说："此渊明不慕身后名也。"《怨诗楚调示庞主簿邓治中》也说："吁嗟身后名，于我若浮烟。"陶潜不但因为贵身而不要身后名，并且进一步放弃了眼前现实上有危害于身体的一切。《感士不遇赋》说："密网裁而鱼骇，宏罗制而鸟惊。彼达人之善觉，乃逃禄而归耕。山巉巉而怀影，川汪汪而藏声。望轩唐而永叹，甘贫贱以辞荣。"是逃避了宦海风波的心声表露，《庚戌岁九月中于西田获早稻》说："四体诚乃疲，庶无异患干。"是因保身远祸而甘陇亩的自陈。《饮酒·其十七》说："行行失故路，任道或能通。觉悟当念还，鸟尽废良弓。"是归田之志的坚决。《归鸟》说："翼翼归鸟，戢羽寒条。游不旷林，宿则森标。晨风清兴，好音时交。矰缴奚施，已卷安劳！"是超举傲睨的愉悦。《有会而作》说："常善粥者心，深念蒙袂非。嗟来何足吝，徒没空自遗。"是乞食的心理，这些都是在贵身观念下而产生出来的行为。陶潜有时候在对朋友的赠答之辞里也透露着此种观念，所以《答庞参军》

说："君其爱体素，来会在何年！"《答庞参军》也说："勖哉征人，在始思终。敬兹良辰，以保尔躬。"爱生与贵身，原是以自我为中心的老庄思想之一，可是到了陶潜的手里就讲得更为实际些，《读〈山海经〉·其五》说："在世无所须，惟酒与长年。"不过，在如何去达到长年的手段里，陶潜与一般托自老庄的道家便有分别：道教徒是从希望长生而发展到追求神仙的方向（神仙是长生的具体化），陶潜则虽希望长生而却否定神仙。看他有时候也想到神仙的可能，例如《杂诗·其十二》说："袅袅松标崖，婉娈柔童子。年始三五间，乔柯何可倚？养色含精气，粲然有心理。"《读〈山海经〉·其二》也说："玉台凌霞秀，王母怡妙颜。天地共俱生，不知几何年。灵化无穷已，馆宇非一山。高酣发新谣，宁效俗中言。"有时候觉得借着外物的服食，也可以延年益寿，《读〈山海经〉·其四》说："丹木生何许？乃在峚山阳。黄花复朱实，食之寿命长。白玉凝素液，瑾瑜发奇光。岂伊君子宝，见重我轩黄。"《读〈山海经〉·其八》也说："赤泉给我饮，员丘足我粮。方与三辰游，寿考岂渠央！"有时候也愿到仙境里去遨游，《读〈山海经〉·其三》说："迢递槐江岭，是谓玄圃丘。西南望昆墟，光气难与俦。亭亭明玕照，落落清瑶流。恨不及周穆，托乘一来游。"但他终于是怀疑着长生，《读〈山海经〉·其八》说："自古皆有没，何人得灵长？不死复不老，万岁如平常。"进一步否定了长生的可能，也就是否定了神仙。《影答形》诗说："存生不可言，卫生每苦拙。诚愿游昆华，邈然兹道绝。"《归去来兮辞》也说："帝乡不可期。"所以他结果肯定到"我无腾化术"的实真了。长生的无望更使他感觉到生命的珍贵，而激荡起过重的爱生贵身的要求，然而他所处的时代是那么糟糕，随时有危害身体安全的机会，于是他只好避世了。《扇上画赞》说："三五道邈，淳风日尽；九流参差，互相推陨。形逐物迁，心无常准；是以达人，有时而隐。"归隐乃是在爱生贵身的观念下所自然产生的结果，也即是老庄哲学对人生所启示的必然归宿。

陶潜在老庄思想里搜寻安慰，虽然发现了个性价值的高贵，自我生命的真实，但在与"道"的永恒、"运"的永久之互相对映里，却也感觉到个人之终属渺小，生命之终属短促，于是对宇宙万象领悟到空幻，对人生也体验到悲凉感，就是基于这对宇宙人生悲凉空幻的心理，乃使他跳出老庄思想的圈子，而归宿到佛家的思想范畴里去了。

三、印度的出世思想与陶潜

儒家的只注重实际人生，和老庄的要从追求"道"体里去根本了解人生的思想，其精神虽不同，而结果则都是人间的东西，因为他们并不想逃出现实世界。老庄在追求"道"的过程里，虽然是探索高远、深邃的宇宙本体，超出了人间的范围，但最终还是归结到爱生贵身的人间中来。只有印度的思想，才是出世的、逃脱人间的。因为印度人的理想世界是涅槃，是出世间，而不是世间，所以他们的思想精神，一向是屏远现世，超越生灭世间，回向出世的。但从世间到出世间的过程里，必须借助于最高的智慧，在内心上既要看破世间的一切生灭，也要解脱由世间生活所引起的一切痛苦烦恼，从肯定世间为空幻的观念出发，经历层层的欲望苦恼的超越，最后达到代表常乐我净四德的涅槃。例如释迦牟尼出家的故事，释迦静坐于菩提树下，冥想七日，忽然有所觉悟：人界所有之苦恼，其原因在于无明（即愚性），因之常生我想，我想产生诸种烦恼，烦恼造成诸业，业积而招未来之苦报，使人沉沦于生与死的苦界之中。故人非消灭我想，斩断烦恼，避免作业不可。若能如此，即易达解脱（涅槃）之境而成佛陀。此外再就佛教教典之基础的四圣谛（四种真理之意）言之：第一为苦谛，即视现世为一苦难之世界。第二为集谛，以人生的苦恼，并非偶然之结果，实因抱有种种欲望，累积诸业而成。第三为灭谛，谓人既因集谛而受诸种苦恼，然若能舍弃苦恼原因之业，更进而断绝业之原因之我想，而返至本来无我之境地，则可避免轮回而达到涅槃。第四为道谛，谓为求达到涅槃之境，须脱离苦与乐，而营中道之生活，释迦即本此目的创设种种的戒律。可见印度人是以无明为人间万苦的总根源，而无明的表现，便是世人的妄执有我（我执）、法（法执），所以佛法谈解脱，无不以破此二执为归，二执俱破，才可解脱世间生活的烦恼，复其清净的大体，而归于涅槃，但因此也就肯定了世间为空幻的真实。陶潜既然生在佛教最盛行澎湃的时代里，他个人又常与比丘们交游，加以宦途的失意，和对老庄思想的冥悟妙得，人事沧桑，荣华难再，还有实际的生活体验，这都是接渡他从世间到出世间的桥梁，是以他就接受了印度思想的观念，对宇宙人生发生了空幻的感觉，虽然他没有印度人的涅槃，而他理想的出世境界是在对老庄所谓宇宙基本原理的"道"之契合与获得。（自然界是"道"的最高表现，所以他一生是喜爱大自然的。）《归园田居·其四》说："人生似幻化，终当归空无。"是人生空幻的肯定，到头来终是虚无的意识。由于他这种对人世间空幻的肯定，所以他接着就发生了解脱人生苦的要求，《饮酒·其八》说："吾生梦幻间，何事绁尘羁。"他进一步超脱解放了，《还旧居》说："流幻百年中，寒暑日相推。常恐大化尽，气力不及衰。拨置且莫念，一觞聊可挥。"在"一觞聊可挥"里，他解脱了尘世的烦恼哀乐，而超升到精神上的涅槃境界了。看陶潜这种对宇宙人生空幻的肯定，和由现世到出世的要求，无疑是有印度思想的渊源在。

四、陶潜之人生观与世界观

陶潜在思想上既有入世与出世的体验，那么反映在他的行为上，便是他对人世间的能入能出，他不仅能把一半身子站在宇宙之内，同时也能把一半身子站在宇宙之外，在对人世间的能入能出里，却做了他人生观与世界观的基础。

1.陶潜的人生观

陶潜生在外族凭陵、华夏乱离的时代里，而他的壮志雄图又不获逞，因之容易使他接受佛老的思想概念。这种思想概念，虽然加添了他出世的毅力和倾向，但他并不因此去否定人生，否定生活，而悲观厌世。因为他既领悟到"出"，也意识到"入"：参透了生，也了悟了死。所以他对于无可逃避的现实和流幻的人间，一方面采取了任运而化，超越愚蠢、庸俗的是非之达观的处世态度，一方面"以幻为真"。肯定人生，肯定生活，在梦幻人生的短促生活里，要获取刹那的快乐。达观与快乐，也即是一"出"一"入"，这交辉着陶潜的人生哲理。

(1) 浮游宇外的达观主义

陶潜的达观主义之形成，乃是他的质性自然和对社会失望后的必然结果。因为魏晋是一个老庄的自然主义极流行的时代，所以自然的观念，是支配着每一个人的心灵的。例如陶潜外祖父孟嘉的答桓温之问说"渐近自然"（见《晋故征西大将军长史孟府君传》），即是以自然作为衡量价值高下之标准。陶潜生在这个自然主义风行的时代里，既有自然的质性，也有道法自然的悟解，因之他远离了人间社会，归返到大自然，在大自然的怀抱里，他醑饮自然的酒，领略自然的美，即是他的快乐，也不是乐于富贵，而是乐于自然，乐于天命（即天道）。其异于常人者即在此。《时运·其二》说："洋洋平津，乃漱乃濯。邈邈遐景，载欣载瞩。人亦有言，称心易足。挥兹一觞，陶然自乐。"《癸卯岁始春怀古田舍二首·其一》说："凤晨装吾驾，启涂情已缅。鸟哢欢新节，泠风送余善。寒竹被荒蹊，地为罕人远。是以植杖翁，悠然不复返。"其二也说："秉耒欢时务，解颜劝农人。平畴交远风，良苗亦怀新，虽未量岁功，既事多所欣。"《归去来兮辞》也说："富贵非吾愿，帝乡不可期。怀良辰以孤往，或植杖而耘耔。登东皋以舒啸，临清流而赋诗。"在大自然的怀抱里，他已把富贵的念头抛到九霄云外，时而到东皋去长啸，时而在清流的岸边高歌，又时而陶醉在自然美的愉悦里。这么一来，无论他肉体上有多大的痛苦，一入自然界，便化为乌有，是以对尘世的烦恼和衣食之执着，他便能层层地去解脱超越，而不介然于怀了。这是他达观的基础之一。其次，反观时代社会所给予他的失望，和由入世到出世的苦痛之历程（参看"陶潜的政治生活""儒家的人生思想与陶潜"二节。）——他从少壮的、积极的、社会的人生态度，转变到消极的、个人的人生见解，这实在是渗透过时代的磨难，人事的沧桑之诸苦痛后所必有的结局。然而陶潜是情感极浓烈的人，对于现实社会毕竟不能忘怀，他就是到了老年，仍然时而想起他的用世壮志，《读〈山海经〉·其十》说："精卫衔微木，将以填沧海。刑天舞干戚，猛志固常在。"次如他对荆轲的歌咏，对田畴的倾慕（见《拟古·其二》），他崇拜的是这样的义士侠客，这也正是他对于现实不能忘怀的表现。但是矛盾就从此产生了，他虽然对现实如此关心，而现实却处处给他以厌恶与痛苦，于是在化矛盾为和谐的哲学肯定下，便渐渐地不能不把态度改变了，所以对于世间的一切，虽然不能闭着眼睛不看，但看后却以超越的方式，采取了任运而化的处世态度，他实现这种处世态度的方法，完全是靠了饮酒。梁昭明太子《陶渊明集序》说："是以至人达士，因以晦迹……情不在于众事，寄众事以忘情者也。有疑陶渊明诗，篇篇有酒，吾观其意不在酒，亦寄酒为迹者也。"正是对陶潜饮酒心理的恰当认识与说明。实在地，陶潜之所以天天饮酒，是为解愁，为忘忧，也即是为逃避现实的苦恼。《苕溪诗话》说："（陶潜）事不可为，心复难任，故借酒以排之，醉则庶可忘也。凡集中云酒者多如此。阮籍全真。终不事晋，与先生之酒，均为合道。"《形赠影》说："适见在世中，奄去靡归期……我无腾化术，必尔不复疑。愿君取吾言，得酒莫苟辞。"《九日闲居》也说："酒能祛百虑。"《游斜川》也说："提壶接宾侣，引满更献酬。未知从今去，当复如此不？中觞纵遥情，忘彼千载忧。"《连雨独饮》也说："故老赠余酒，乃言饮得仙。试酌百情远，重觞忽忘天。天岂去此哉，任真无所先。云鹤有奇翼，八表须臾还。"《饮酒·其七》说："泛此忘忧物，远我遗世情。"《饮酒·其十四》也说："故人赏我趣，挈壶相与至。班荆坐松下，数斟已复醉。父老杂乱言，觞酌失行次。不觉知有我，安知物为贵。悠悠迷所留，酒中有深味。"《还旧居》也说："拨置且莫念，一觞聊可挥。"可见陶潜所用摆脱现实的方法，是完全靠饮酒，这是他达观的基础之二。由此二种基础，乃完成了他人生的达观主义：第一，超越了现实的富贵得失和荣辱。《感士不遇赋》说："彼达人之善觉，乃逃禄而归耕……甘贫贱以辞荣。"又说"既轩冕之非荣，岂缊袍之为耻？"《饮酒·其一》也说："衰荣无定在，彼此更共之。邵生瓜田中，宁似东陵时。寒暑有代谢，人道每如兹。达人解其会，逝将不复疑。忽与一樽酒，日夕欢相持。"第二，超越了世俗的褒贬是非。《饮酒·其六》说："行止千万端，谁知非与是。是非苟相形，雷同共誉毁，三季多此事，达士似不尔。咄咄俗中愚，且当从黄绮。"《拟挽歌辞三首》也说："得失不复知，是非安能觉！千秋万岁后，谁知荣与辱？"第三，破除了对穷通的执着。《岁暮和张常侍》说："穷通靡攸虑，憔悴由化迁。"《饮酒·其十五》也说："若不委穷达，素抱深可惜。"《咏贫士·其六》也说："介然安其业，所乐非穷通。"《始作镇军参军曲阿作》也说："被褐欣自得，屡空常晏如。"第四，肯定了任运而化的人生态度。《神释》说："甚念伤吾生，正宜委运去。纵浪大化中，不喜亦不惧。应尽便须尽，无复独多虑。"《连雨独饮》也说："自我抱兹独，僶俛四十年。形骸久已化，心在复何言。"《归去来兮辞》也说："聊乘化以归尽，乐夫天命复奚疑！"所以他把一切来都归之于化运，《责子》说："天运苟如此，且进杯中物。"因此他即有"迁化或夷险，肆志无窊隆。即事如已高，何必升华嵩"（《五月旦作和戴主簿》），"形迹凭化往，灵府长独闲"（《戊申岁六月中遇火》），"勤靡余劳，心有常闲。乐天委分，以至百年。惟此百年。夫人爱之，惧彼无成，愒日惜时。存为世珍，殁亦见思。嗟我独迈，曾是异兹。宠非己荣，涅岂吾缁？捽兀穷庐，酣饮赋诗"（《自祭文》）的人生态度，由于这种人生态度，他忘怀得失地度过了一生。看他临死时的从容物化和不迫忙地写下《挽歌诗》和《自祭文》，更是达到了乐观主义的极峰了。

(2)逍遥宇内的快乐主义

老庄思想是快乐主义的根源，因为他们既有对宇宙化运的肯定，也有贵生爱身的个人价值之认识，但就在化运永久与小我生命无常的矛盾对映里，自然容易激荡起人情绪上的苦痛与烦恼，而兴起及时行乐观念，这便是快乐主义诞生的心理基础。加以印度人视世间为空幻不真实的思想之传入，直接地刺激着快乐主义的流行发展，间接地也有助于这种主义理论的完成。陶潜既在现实上领受过失意生活的苦痛教训，也在佛老思想里搜求过安慰，所以他终于体验到快乐主义的真实。《游斜川》说："提壶接宾侣，引满更献酬。未知从今去，当复如此不？中觞纵遥情，忘彼千载忧。且极今朝乐，明日非所求。"《己酉岁九月九日》也说："万化相寻绎，人生岂不劳？从古皆有没，念之中心焦。何以称我情？浊酒且自陶。千载非所知，聊以永今朝。"《和胡西曹示顾贼曹》也说："流目视西园，烨烨荣紫葵。于今甚可爱，奈何当复衰。感物愿及时，每恨靡所挥。"《诸人共游周家墓柏下》也说："感彼柏下人，安得不为欢。清歌散新声，绿酒开芳颜。未知明日事，余襟良以殚。"可见他及时行乐的观念，完全是起于对人生短促的苦痛之心理。他行乐的方法，第一，是在大自然里游放。《酬刘柴桑》说："新葵郁北牖，嘉穟养南畴。今我不为乐，知有来岁不？命室携童弱，良日登远游。"《时运序》也说："时运，游暮春也。春服既成，景物斯和，偶景独游，欣慨交心。"第二，是求可能的物质之餍足。《杂诗·其一》说："得欢当作乐，斗酒聚比邻。盛年不重来，一日难再晨。及时当勉励，岁月不待人。"《饮酒·其二十》也说："若复不快饮，空负头上巾。"《答庞参军》也说："或有数斗酒，闲饮自欢然。"这是酒。《丙辰岁八月中于下潠田舍获》也说："饥者欢初饱，束带候鸣鸡。扬楫越平湖，泛随清壑回。"这是食。第三，欣取天伦间的温暖，《和郭主簿·其一》说："春秫作美酒，酒熟吾自斟。弱子戏我侧，学语未成音。此事真复乐，聊用忘华簪。"《和刘柴桑》也说："弱女虽非男，慰情良胜无。"《杂诗·其四》说："丈夫志四海，我愿不知老。亲戚共一处，子孙还相保。觞弦肆朝日，樽中酒不燥。缓带尽欢娱，起晚眠常早。"第四，追求嘉遁的快乐。《答庞参军说》："衡门之下，有琴有书。载弹载咏，爰得我娱。岂无他好，乐是幽居。朝为灌园，夕偃蓬庐。"《九日闲居》也说："栖迟固多娱，淹留岂无成。"第五，摄取高贵的友情（见"陶潜的情感生活"节）。他有时候为了快乐，就是家产荡然亦在所不惜。《杂诗·其六》说："昔闻长者言，掩耳每不喜。奈何五十年，忽已亲此事。求我盛年欢，一毫无复意。去去转欲速，此生岂再值。倾家持作乐，竟此岁月驶。有子不留金，何用身后置。"陶潜虽然是快乐主义，但他并不主张颓废的享乐，而是持一种在世的务农的快乐主义。《归园田居·其二》说："野外罕人事，穷巷寡轮鞅。白日掩荆扉，虚室绝尘想。时复墟曲中，披草共来往。相见无杂言，但道桑麻长。"《归园田居·其三》也说："种豆南山下，草盛豆苗稀。晨兴理荒秽，带月荷锄归。道狭草木长，夕露沾我衣。衣沾不足惜，但使愿无违。"《丙辰岁八月中于下潠田舍获》也说："贫居依稼穑，戮力东林隈。不言春作苦，常恐负所怀……日余作此来，三四星火颓。姿年逝已老，其事未云乖。遥谢荷蓧翁，聊得从君栖。"《归去来兮辞》也说："农人告余以春及，将有事于西畴。或命巾车，或棹孤舟。既窈窕以寻壑，亦崎岖而经丘。"他既有及时勉励的感觉，如《杂诗·其一》，也有向善的决心，如《荣木》《咏贫士·其四》，但是在他快乐的获得里，也往往激荡起他伤感的情绪而去怀古，《时运》说："延目中流，悠想清沂。童冠齐业，闲咏以归。我爱其静，寤寐交挥。但恨殊世，邈不可追。"又说："斯晨斯夕，言息其庐。花药分列，林竹翳如。清琴横床，浊酒半壶。黄唐莫逮，慨独在余。"《和郭主簿》也说："此事真复乐，聊用忘华簪。遥遥望白云，怀古一何深！"《读〈山海经〉·其三》也说："恨不及周穆，托乘一来游。"然而他生命的要求终是快乐的，所以"俯仰终宇宙，不乐复何如"（《读〈山海经〉·其一》），竟成他生平的唯一愿望，虽然他的快乐里未尝不涵融了痛苦。

2.陶潜的世界观，超人的理想社会

陶潜的质性自然和他在现实上的失意，不仅作了做人生观的基础，而且也是他世界观的根源。因为他厌恶人间的卑鄙龌龊和现实社会的烦扰困苦，而孕育出他达观、快乐的人生态度，但因此也产生了他厌弃人世与追求理想世界的心理企图。加以东晋亡后他看不惯那欺人孤儿寡妇的新主，这更增添了他对现实的厌恶情绪，于是他只想找一个治乱不闻的地方去躲避，作为他情感精神的寄托处所。然而人间的磨难灾害，在现实社会里到处布满着，不知何处是安顿灵魂的净土，所以他的避世的乐园，只有放在超现实、超人间的理想社会里去了。这是老聃的小国寡民的理想社会建造之心理基础，也是陶潜幻构桃花源理想世界的心理过程，《桃花源记》说：

晋太元中，武陵人捕鱼为业。缘溪行，忘路之远近。忽逢桃花林，夹岸数百步，中无杂树，芳草鲜美，落英缤纷。渔人甚异之，复前行，欲穷其林。

林尽水源，便得一山，山有小口，仿佛若有光。便舍船，从口入。初极狭，才通人。复行数十步，豁然开朗。土地平旷，屋舍俨然，有良田、美池、桑竹之属。阡陌交通，鸡犬相闻。其中往来种作，男女衣着，悉如外人。黄发垂髫，并怡然自乐。

见渔人，乃大惊，问所从来。具答之。便要还家，设酒杀鸡作食。村中闻有此人，咸来问讯。自云先世避秦时乱，率妻子邑人来此绝境，不复出焉，遂与外人间隔。问今是何世，乃不知有汉，无论魏晋。此人一一为具言所闻，皆叹惋。余人各复延至其家，皆出酒食。停数日，辞去。此中人语云："不足为外人道也。"

既出，得其船，便扶向路，处处志之。及郡下，诣太守，说如此。太守即遣人随其往，寻向所志，遂迷，不复得路。

南阳刘子骥，高尚士也，闻之，欣然亲往。未果，寻病终，后遂无复问津者。

《桃花源诗》说：

嬴氏乱天纪，贤者避其世。黄绮之商山，伊人亦云逝。往迹浸复湮，来径遂芜废。相命肆农耕，日入从所憩。桑竹垂余荫，菽稷随时艺。春蚕收长丝，秋熟靡王税。荒路暧交通，鸡犬互鸣吠。俎豆独古法，衣裳无新制。童孺纵行歌，斑白欢游诣。草荣识节和，木衰知风厉。虽无纪历志，四时自成岁。怡然有余乐，于何劳智慧？奇踪隐五百，一朝敞神界。淳薄既异源，旋复还幽蔽。借问游方士，焉测尘嚣外。愿言蹑轻风，高举寻吾契。

像这洋溢着博爱、平等、自由、快乐、天真、无饥寒、无榨取，流露着人性美的超人社会，正是符合着陶潜内心的要求，而作为他理想的避世之净土。所以胡仔《苕溪渔隐丛话》说："然窃意桃源之事，以避秦为言，至云无论魏晋，乃寓意于刘裕，托之秦，借以为喻耳。近时胡宏仁仲诗云：'靖节先生绝世人，奈何记伪不考真。先生高步窘末代，雅志不肯为秦民。故作斯文写幽意，要似寰海离风尘，其说得之矣。"这一方面说明了陶潜作《桃花源记》之意，一方面也助证了桃花源便是陶潜逃避现实的理想境界之真实。但理想与现实是有距离的，也就是说理想是永远追求不到的东西，所以在陶潜追求桃花源的过程里，既有渔人对桃源的发现，也有渔人对桃源的"遂迷不复得路"，从"一朝敞神界"到"旋复还幽蔽"的结局里，桃源终于没有寄托安定下陶潜的精神灵魂，和解除陶潜在现实的烦恼痛苦，他依然感到追求幻灭的悲哀。

不过，在陶潜的观念信仰里是有他的理想社会的，《五柳传》赞说："黔娄之妻有言：'不戚戚于贫贱，不汲汲于富贵。'其言兹若人之俦乎？酣觞赋诗，以乐其志，无怀氏之民欤？葛天氏之民欤？"看他对无怀、葛天二古帝的仰慕向往，正因为他们的社会是超人的理想社会之代表。又《与子俨等疏》说："自谓是羲皇上人。"可见陶潜所渴望着的社会，不仅是超人的理智的，而且有上古的原始意味。

五、陶潜的痛苦——虚无的哲人之痛苦

"人生似幻化，终当归空无。"（《归园田居·其四》）

陶潜的人生态度虽然是忘怀得失，但就根本处说，他内心里又何尝不充满了痛苦？因为人生态度的造成是与后天的教养有关，而内心苦痛的铸造，却是先天的秉赋与性格使然。所以陶潜所受于后天的教养，如在老庄儒佛里吸取了见解之后，并没有解脱他真正的痛苦，反由于这些见解，他的痛苦愈陷愈深了。

从最基本处看，陶潜的精神还是人间的、现世的，可是他在人间的一切是失败的，《饮酒·其十六》说："少年罕人事，游好在六经。行行向不惑，淹留遂无成。"他的痛苦也就是起于爱此现世而得不到此现世。现世上最具体的表现莫过于不朽的功业，是以陶潜早岁便有忧时念乱，思扶晋衰的立功之抱负。但结果是："日月掷人去，有志不获骋。念此怀悲凄，终晓不能静。"（《杂诗其二》）"检素不获展，厌厌竟良月。"（《和郭主簿其二》）看他追求得这么切，而幻灭得也那么得快！就一般的诗人说，追求既然

变成幻灭也就算了，具体的表现那便是少壮激烈，晚归平淡的作风。但陶潜，因为他太爱现世之故，所以愈老愈辣（由《咏荆轲》《咏三良》可见。）他幻灭了的壮志，即使到晚年也未曾忘怀，《读〈山海经〉·其十》说："精卫衔微木，将以填沧海。刑天舞干戚，猛志固长在。"但结果还不是换来空虚寂寞和渺茫痛苦而已吗？

陶潜虽热爱人间，思永远地保留现世，但现世人间是变动无常的，这却也给了他极大的痛苦和很深的虚无哀感。《荣木》说："采采荣木，结根于兹。晨耀其华，夕已丧之。人生若寄，憔悴有时。静言孔念，中心怅而。"是多么痛苦于人间的无常变动啊？《归园田居·其四》说："久去山泽游，浪莽林野娱。试携子侄辈，披榛步荒墟。徘徊丘垄间，依依昔人居。井灶有遗处，桑竹残朽株。借问采薪者，此人皆焉如？薪者向我言，死没无复余。一世异朝市，此语真不虚。人生似幻化，终当归空无。"又如何地烦恼于人间虚无的感觉了。

从热爱人间到虚无的过程里，便发生了惜生怕死的意识。"世短意常多，斯人乐久生"（《九日闲居》），是惜生的理由，"日月还复周，我去不再阳"（《杂诗·其三》），是怕死的缘故。但是"有生必有死"（《拟挽歌辞三首》），"民生鲜长在"（《岁暮和张常侍》），而人的寿命也仅仅是"人生少至百"（《饮酒·其十五》），结果还是要终归虚无的。面对着人生的空无，便很容易把一切来都归到命运上去，所以说："天运苟如此，且进杯中物。"（《责子》）陶潜一向是肯定宇宙化运思想的人，当然会感觉到个人力量之小，大运的力量之大了。所以又说"形迹凭化往"

（《戊申岁六月中遇火》），"聊且凭化迁"（《始作镇军参军经曲阿作》）。然而从人生虚无的命运意识里，也就很自然地发生了三种反应：第一，是化命运支配为支配命运，这便是与造化争生死，超越了短促的生命而去追求永生。符合了这种理想的一是神仙，但陶潜立刻便发现了神仙的不可能。《影答形》说："存生不可言，卫生每苦拙；诚愿游昆华，邈然兹道绝。"《连雨独饮》也说："运生会归尽，终古谓之然。世间有松乔，于今定何间。"二是不朽的功名，因为物质的身体虽为时短暂，而不朽的功名倒可传之永久。不过陶潜在功业上是已经失败了，但他并不因此而放弃了追求"名"。《影答形》说："身没名亦尽，念之五情热。立善有遗爱，胡为不自竭？"《拟古·其二》也说："生有高世名，既没传无穷。"《咏荆轲》也说："心知去不归，且有后世名。"《饮酒·其二》也说："不赖固穷节，百世当谁传。"然而"名"终于也是空幻的，《神释》说："立善常所欣，谁当为汝誉？"《和刘柴桑》也说："去去百年外，身名同翳如。"有时"名"还是用很大的代价所换取来的，《饮酒·其十一》说："颜生称为仁，荣公言有道。屡空不获年，长饥至于老。虽留身后名，一生亦枯槁。"有时有善名也不一定得到善报，《感士不遇赋》说："承前王之清诲，曰天道之无亲。澄得一以作鉴，恒辅善而佑仁。夷投老以长饥，回早夭而又贫。伤请车以备椁，悲茹薇而殒身。虽好学与行义，何死生之苦辛！疑报德之若兹，惧斯言之虚陈。"《饮酒·其二》也说："积善云有报，夷叔在西山。善恶苟不应，何事立空言！"所以陶潜便索性不要名了，《怨诗楚调示庞主簿邓治中》说："吁嗟身后名，于我若浮烟。"《杂诗十二首·其四》也说："百年归丘垄,用此空名道。"可见化命运支配而为支配命运的企图是失败了。第二,是对命运支配的解脱,也就是对现世虚无的解脱,这要诉之于强烈的理智。大运的力量既知不可抗,而人间又终归空无,所以以超越一切的方式,随大运去浮沉推移,解脱人间的一切烦恼痛苦,而归于达观,因为"甚念伤吾生",故而"正宜委运去",结果是超升到"纵浪大化中,不喜亦不惧,应尽便须尽,无复独多虑"的高超的境界里去。《归去来兮辞》也说:"已矣乎!寓形宇内复几时?曷不委心任去留?胡为乎遑遑欲何之?富贵非吾愿,帝乡不可期……聊乘化以归尽,乐夫天命复奚疑!"但是,"从古皆有没,念之中心焦"(《己酉岁九月九日》),唯理而旷达的陶潜,也毕竟役于情而不能不对生死有所执着了。苏东坡《问渊明》诗说:"委运忧伤生,忧(一作运)去生亦迁。纵浪大化中,正为化所缠。应尽便须尽,宁复事此言。"便是意识到陶潜对生死始终执着和不能忘怀的心情。即在他的《拟挽歌辞三首》和《自祭文》里,一则说:"幽室一已闭,千年不复朝。千年不复朝,贤达无奈何";再则说:"人生实难,死如之何"。这岂是超然生死的坦夷胸怀?可见陶潜对命运支配的解脱也失败了。第三,是由现世虚无而更现世些。也就是现世人生虽然到头来终归空无,但在人生未归空无以前的一刹那,却好好地利用和珍惜一下,这即是以片刻作永恒的哲理。由此哲理产生了,一是隐逸,因为现世生活的满足虽是功名富贵,然富贵功名不仅幻灭得迅速,如《拟古·其四》所说的:"迢迢百尺楼,分明望四荒,暮作归云宅,朝为飞鸟堂。山河满目中,平原独茫茫。古时功名士,慷慨争此场。

一旦百岁后，相与还北邙。松柏为人伐，高坟互低昂。颓基无遗主，游魂在何方？荣华诚足贵，亦复可怜伤。"而且里面也纠缠着许多不自由，何况在猎取的过程里也要付出相当的代价和牺牲，于是他终于肯定到精神自由和小己愉悦的真实，符合这种条件的便是隐逸。所以《答庞参军》说："衡门之下，有琴有书。载弹载咏，爰得我娱。岂无他好，乐是幽居。朝为灌园，夕偃蓬庐。"《饮酒·其七》也说："啸傲东轩下，聊复得此生。"但隐逸的极乐也是难持久的，刹那间也要变坏，《与子俨等疏》说："常言五六月中，北窗下卧，遇凉风暂至，自谓是羲皇上人。意浅识罕，谓斯言可保……疾患以来，渐就衰损，亲旧不遗，每以药石见救，自恐大分将有限也。"到头来还是虚无。二是遨游，《游斜川》说："开岁倏五日，吾生行归休。念之动中怀，及辰为兹游。"但大自然的遨游，获得的也不一定完全是快乐，如《归园田居·其五》说："怅恨独策还，崎岖历榛曲。山涧清且浅，可以濯我足。漉我新熟酒，只鸡招近局。日入室中暗，荆薪代明烛。欢来苦夕短，已复至天旭。"那么只有喝酒了。三是酒，《饮酒·其三》说："道丧向千载，人人惜其情。有酒不肯饮，但顾世间名。所以贵我身，岂不在一生？"从贵身上着眼，便肯定到口腹之养的饮酒是最现实的了。《游斜川》也说："提壶接宾侣，引满更献酬。未知从今去，当复如此不？中觞纵遥情，忘彼千载忧。且极今朝乐，明日非所求。"《杂诗·其一》也说："得欢当作乐，斗酒聚比邻。盛年不重来，一日难再晨。"《形赠影》也说："愿君取吾言，得酒莫苟辞。"因贵身（也即是更现世）而去谋口腹吃酒，但酒又适足以伤生，《神释》说："日醉或能忘，将非促龄具。"一切都是空幻，一切都是虚无。这是陶潜的悲哀，从来也是现世主义者所必须遇到的痛苦。

从虚无的概念出发，便生出了解放一切的要求，《始作镇军参军经曲阿作》说："真想初在襟，谁谓形迹拘。"《五月且作和戴主簿》也说："迁化或夷险，肆志无窊隆。"《饮酒·其八》也说："吾生梦幻间，何事绁尘羁。"这便是他的"当年讵有几，纵心复何疑"（《庚子岁五月中从都还阻风于规林》）的人生观的渊源所在，也是他的一切无可奈何处。

因为陶潜太热爱现世故，所以在现世里他要求一切都超人一等，他要特殊，要优待，要极端。《答庞参军》说："人之所宝，尚或未珍。"《咏贫士·其六》也说："此士胡独然，实由罕所同。"《自祭文》也说："嗟我独迈，曾是异兹。"这都是他要求与众不同的表现。因此便产生了人我的对立，《与子俨等疏》说："性刚才拙，与物多忤。自量为己，必贻俗患。"《饮酒·其九》也说："深感父老言，禀气寡所谐。纡辔诚可学，违己讵非迷。"之十三也说："有客常同止，取舍邈异境。一士常独醉，一夫终年醒，醒醉还相笑，发言各不领。"也产生了超俗的冲突，《答庞参军》说："谈谐无俗调。"《饮酒·其六》也说："咄咄俗中愚，且当从黄绮。"《饮酒·其十二》也说："去去当奚道，世俗久相欺。"《读〈山海经〉·其二》也说："高酣发新谣，宁效俗中言。"就是他的处世态度，但也走了极端，"平津苟不由，栖迟讵为拙"（《癸卯岁十二月中作与从弟敬远》）正是他的不封侯便做隐士的处世主张之说明。结果他便没有了群，没有了人，《饮酒·其四》说："栖栖失群鸟，日暮犹独飞。

徘徊无定止，夜夜声转悲。厉响思清远，去来何依依。因值孤生松，
敛翮遥来归。劲风无荣木，此荫独不衰。托身已得所，千载不相违。"
只有寂寞孤独了。但进一步却变成了弃世。《和刘柴桑》说："栖
栖世中事，岁月共相疏。"何焯曰："共相疏，我弃世，世亦弃我也。"
《癸卯岁十二月中作与从弟敬远》也说："寝迹衡门下，邈与世相
绝。顾盼莫谁知，荆扉昼常闭。"《和郭主簿》也说："息交游闲业，
卧起弄书琴。"《归去来兮辞》所表示的弃世心情则更为坚决：
"归去来兮，请息交以绝游。世与我而相违，复驾言兮焉求？"假若他
这种弃世的决心能够彻底，苦痛或者也可以免除。然而他在根
本上是热爱现世的，所以他一方面有弃世的倔强，但一方面也有
渴望着世人来同情的心理之脆弱，"良朋悠邈，搔首延伫"（《停
云》），在弃世的观念下，却酿造出了痛苦。

他常痛苦于没有真正的合作者、同情者和知己者，《拟
古·其六》说："厌闻世上语，结友到临淄。稷下多谈士，指彼决吾
疑。装束既有日，已与家人辞。行行停出门，还坐更自思。不畏道里
长，但畏人我欺。万一不合意，永为世笑嗤。伊怀难具道，为君作此
诗。"之八也说："少时壮且厉，抚剑独行游。谁言行游近？张掖至幽
州……不见相知人，惟见古时丘。路边两高坟，伯牙与庄周。此士难再
得，吾行欲何求！"他之归隐也就是基于这种不能向庸俗妥协的心
理。《颜诔》的"道不偶物，弃官从好"，便是这种痛苦的说明。

因之他也常常地感到一种孤独寂寞之苦，也就是痛苦于没
有人能够了解他，《杂诗·其二》说："欲言无予和，挥杯劝孤影。"
《癸卯岁十二月中作与从弟敬远》也说："萧索空宇中，了无一可

悦！"《九日闲居》也说："尘爵耻虚罍，寒华徒自荣。敛襟独闲谣，
缅焉起深情。"潜玉说："靖节先生孤士也。篇中曰孤松，曰孤云，皆
自况语。人但知义熙以后，先生耻事二姓，孤隐于醉石五柳间，而不知
义熙以前，虽与镇军、督邮同尘错处，而先生之孤自若，故其诗云：'自
我抱兹独，俯仰四十。'又云：'此士胡独然？实由罕所同。'慨不生炎
帝帝魁之世，而赋感士不遇云：'拥孤襟以毕岁，谢良价于朝市。'盖
合晋宋而发叹也。岂其参军事，合彭泽，即云良价哉！颜延年曰：'物
尚孤生。'先生真孤生也。"《吴正传诗话》也说："《归去来兮辞》
'三径就荒，松菊犹存'，下复云：'景翳翳以将入，抚孤松而盘桓。'
系松于径荒景翳之下，其意可知矣。又好言孤松，如'青松在东园，众
草没奇姿'。下云：'连林人不觉，独树众乃奇。'皆以自况也。"林云
铭也说："《归去来兮辞》篇中曰独悲，曰自酌，曰孤往，盖有世人不
能少窥万一者。"此外《饮酒》序说："顾影独尽。"《饮酒·其七》
也说："一觞虽独尽，杯尽壶自倾。"这又是一种痛苦。

　　总括了说，陶潜的痛苦是一种虚无超人的痛苦，因为他要
求超人，所以他便没有了人，远离了群，结果只有孤寂的哀感。
陶潜的痛苦也是人类的一种永恒的痛苦，因为他太热爱现世
故，所以他想保留此现世，要求现世的"常"，而现世却是变动
无常的东西，绝不会让人牢牢地把捉，是以这种痛苦是任何时
空的人类所不能脱却的。这种痛苦应当是先陶潜而存在，后陶
潜而不灭的，正是陶潜所谓"中觞纵遥情，忘彼千载忧"，这"忧"
是千载无已的了。陶潜的痛苦，同时也是没法解决的痛苦，因
为他太爱现世故，所以暂时否定一切的"达观"态度就不能彻

底。又因为他太热爱现世故，所以他看破了身外物的浮名，看透了不可靠的富贵荣华，他所要求的是"惟酒与长年"（《读〈山海经〉·其五》）。"丈夫志四海，我愿不知老。亲戚共一处，子孙还相保。觞弦肆朝日，樽中酒不燥。缓带尽欢娱，起晚眠常早。"（《杂诗·其四》）但"长年"与"不知老"的愿望终于被证明是虚无空幻的，在这一点上，他的痛苦就始终没法解决了。如是他只有饮酒，看他的："故老赠余酒，乃言饮得仙。试酌百情远，重觞忽忘天。"（《连雨独饮》）"不觉知有我，安知物为贵。"（《饮酒·其十四》）"若复不快饮，空负头上巾"（《饮酒·其二十》），完全是以酒来忘掉一切，勾销一切！

不爱现世的人，便根本没有痛苦；爱现世但对现世要求不大而且安于平凡的人，也没有痛苦。在陶潜则不然。他看着现世太好了，因之他愿长生；他对现世的要求太特殊了，太极端了，因之他的处世态度不是封侯，便是栖迟。他是太人间了，太现世了，他的痛苦便是人间现世永恒的痛苦。陶潜虽然挣扎于这种痛苦中而终归做了牺牲，负荷着人间过量的热爱而死去，但是他的痛苦并不因此中止，它植根在人类的生命力之中，它将伴着宇宙生命的永久——像他的作品似的，绵延到无穷！

第六章 陶潜的心灵及其对于大自然的欣赏

第一节 陶潜的心灵

一、陶潜的心灵天地之窥探

梁昭明太子《陶渊明集序》说:"论怀抱,则旷而且真。"这是对于陶潜心灵天地最精当的评论。

1.旷

陶潜心灵的第一个特点是"旷"。《归鸟》说:"游不旷林。"《悲从弟仲德》也说:"阶除旷游迹。"《感士不遇赋》也说:"亦苦心而旷岁。"又说:"何旷世之无才。"《闲情赋》也说:"独旷世以秀群。"他对于"旷"字的惯用,正是他心灵的显现。他有时候评论人物也用旷字,《晋故征西大将军长史孟府君传》说:"君温雅平旷。"因为他心灵的"旷",所以也有"虚""空""闲"的体味与认识,《归园田居》说:"虚室有余闲。"今分述如后:

(1)虚 《归园田居》说:"虚室绝尘想。"《乞食》也说:"遗赠岂虚来。"《五月旦作和戴主簿》也说："虚舟纵逸棹。"《悲从弟仲德》也说："流尘集虚坐。"《辛丑岁七月赴假还江陵夜行涂口》也说："夜景湛虚明。"《感士不遇赋》也说："惧斯言之虚陈。"《祭程氏妹文》也说："肴馔虚奠。"

（2）空　《九日闲居》说："空视时运倾。"《归园田居》也说："终当归空无。"《悲从弟仲德》也说："双位委空馆。"《始作镇军参军经曲阿作》也说："屡空常晏如。"《庚子岁五月中从都还阻风于规林二首》也说："空叹将焉如。"《癸卯岁始春怀古田舍二首》也说："屡空既有人。"《己酉岁九月九日》也说："园木空自凋。"《癸卯岁十二月中作与从弟敬远》也说："萧索空宇中。"《饮酒·其二》也说："何事立空言。"《饮酒·其十一》也说："屡空不获年。"《饮酒·其二十》也说："空负头上巾。"《有会而作》也说："徒没空自遗。"《杂诗·其二》也说："荡荡空中景。"《杂诗·其四》也说："用此空名道。"《咏贫士·其一》也说："暖暖空中灭。"《拟挽歌辞三首》也说："今但湛空觞。"《闲情赋》也说："空委弃于床前。"又说："独悁想以空寻。"《五柳先生传》也说："箪瓢屡空。"《祭程氏妹文》也说："寥寥空室。"

（3）闲　《停云》说："敛翮闲止。"《时运·其三》也说："闲咏以归。"《九日闲居》也说："敛襟独闲谣。"《示周续之祖企谢景夷三郎》也说："药石有时闲。"《答庞参军》也说："闲饮自欢然。"《移居·其二》也说："闲暇辄相思。"《和郭主簿》也说："息交游闲业。"《和胡西曹示顾贼曹》也说："闲雨纷微微。"《辛丑岁七月赴假还江陵夜行涂口》也说："闲居三十载。"《戊申岁六月中遇火》也说："灵府长独闲。"《饮酒序》也说："余闲居寡欢。"《饮酒·其十》也说："息驾归闲居。"《止酒》也说："逍遥自闲止。"《述酒》也说："闲居离世纷。"《杂诗·其十》也说："闲居执荡志。"《咏贫士·其二》也说："闲居非陈厄。"《闲情赋序》也说："而终归闲正。"《五柳先生传》也说："闲静少言。"《与子俨等疏》也说："偶爱闲静。"《祭从弟敬远文》也说："夕闲素琴。"《自祭文》也说："心有常闲。"

（4）远　从旷的概念出发，就平面言之，引申亦有远意。《饮酒·其五》说："心远地自偏。"正是这种情调的说明。《赠长沙公序》说："昭穆既远。"诗之三也说："遥遥三湘，滔滔九江，山川阻远，行李时通。"《归鸟》也说："远之八表。"《游斜川》也说："班坐依远流。"《怨诗楚调示庞主簿邓治》也说："天道幽且远。"《连雨独饮》也说："试酌百情远。"《酬刘柴桑》也说："良日登远游。"《于王抚军座送客》也说："目送回舟远。"《庚子岁五月中从都还阻风于规林·其一》也说："谁言客舟远。"《癸卯岁怀古田舍·其一》也说："地为罕人远。"其二也说："平畴交远风。"《饮酒·其四》也说："厉响思清远。"其七也说："远我遗世情。"之九也说："壶浆远见候。"其八也说："远望时复为。"其十也说："在昔曾远游。"《杂诗·其五》也说："骞翮思远翥。"《拟挽歌辞三首》也说："送我出远郊。"《杂诗·其十一》也说："我行未云远。"《祭程氏妹文》也说："触事未远。"因为心灵的邈远，所以他也喜欢用"遥""遐""悠"诸字。如《游斜川》说："中觞纵遥情。"《和郭主簿》也说："遥遥望白云。"又说："遥瞻皆奇绝。"《辛丑岁七月赴假还江陵夜行涂口》也说:"遥遥至南荆。"《庚戌岁九月中于西田获早稻》也说:"遥遥沮溺心。"《丙辰岁八月中于下潠田舍获》也说:"遥谢荷蓧翁。"《杂诗·其二》也说:"遥遥万里辉。"其九也说:"遥遥从羁役。"其十一也说:"遥遥春夜长。"《祭从弟敬远文》也说:"遥遥帝乡。"《时运·其二》说:"邈邈遐景。"《归鸟·其二》也说:"遐路诚悠。"《杂诗·其九》也说:"路遐无由缘。"《感士不遇赋》也说:"苍旻遐缅。"《闲情赋》也说:"憩遥情于八遐。"《自祭文》也说:"慨焉已遐。"《赠长沙公》说:"礼服遂悠。"《命子》也说:"悠悠我祖。"《饮酒·其十五》也说:"宇宙一何悠。"其十九也说:"世路廓悠悠。"《有会而作序》也说:"日月尚悠。"

(5)高 从旷的概念出发,就立体言之,亦有高意。《闲情赋》说:"负雅志于高云。"恰是这种心灵之高的表露。《归鸟·其四》说:"宿则森标。"《移居·其二》也说:"登高赋新诗。"《于王抚军座送客》也说:"登高饯将归。"《劝农·其六》也说:"投迹高轨。"《癸卯岁十二月中作与从弟敬远》也说:"高操非所攀。"《乙巳岁三月为建威参军使都经钱溪》也说:"微雨洗高林。"《饮酒·其八》也说:"卓然见高枝。"其九也说:"未足为高栖。"其十二也说:"高风始在兹。"《拟古·其二》也说:"生有高世名。"《杂诗·其三》也说:"高飞拂尘梁。"《拟挽歌辞三首·其二》也说:"昔在高堂寝。"其三也说:"高坟正嶕峣。"《祭程氏妹文》也说:"黯黯高云。"又说:"寂寂高堂。"《祭从弟敬远文》也说:"乐胜朋高。"又说:"静月澄高。"《自祭文》也说:"悠悠高旻。"

2.真

陶潜心灵的第二个特点是"真"。刘后村说:"士之生世,鲜不以荣辱得丧,挠败其天真者。渊明一生,惟在彭泽八十余日涉世故,余皆高枕北窗之日,无荣恶乎辱?无得恶乎丧?此其所以为绝唱而寡和也。"是对于陶潜心灵之真的原因之探求。其真见于行事者,如《宋书·陶潜传》说:"贵贱造之者,有酒辄设,潜若先醉,便语客:'我醉欲眠,卿可去。'其真率如此。"东坡也说:"渊明欲仕则仕,不以求之为嫌,欲隐则隐,不以去之为高,饥则扣门而乞食,饱则鸡黍以延客,古今贤之,贵其真也。"《无名氏集》后记也说:"靖节先生,江左伟人,世高其节,先儒谓其最善任真,方其为贫也,则求为县令,仕不得志也,则挂冠而归,此所以为渊明。"其真表现于人生态度的,刘朝箴说:"靖节非儒非俗,非狂非狷,非风流,非抗执,平淡自得,无事修饰,皆有天然自得之趣,而饥寒困穷,不以累心,但足其酒,百虑皆空矣。及感遇而为文辞,则率意任真,略无斧凿痕、烟火气,千载之下,诵其文,想其人,便爱慕向往不能已矣。"顾炎武《日知录》也说:"栗里之征土,淡然若忘于世,而感愤之怀,有时不能自止,而微见其情者,真也。"其真表现于治学上的,杨用修《升庵诗话》说:"《晋书》云陶渊明读书不求甚解,此语俗世之见,后世不晓也。余思其故:自两汉以来,训诂甚行,说五经之文,至于二三万言,陶心知厌之,故超然真见,独契古初,而晚废训诂,俗士不达,便谓其不求甚解矣。"陶潜自我有时候也意识到"真"的价值,以之为代表最高的境界,《和郭主簿》说:"此事真复乐。"《始作镇军参军经曲阿作》也说:"真想初在襟。"《饮酒·其五》也说:"此中有真意。"（余参考"陶潜与老庄的宇宙思想"节。）钟记室《诗品》论陶潜说："笃意真古。"魏鹤山也说："世之称美陶公者曰：荣利不足以易其守也，声味不足以累其真也。"蔡宽夫《西清诗话》也说："渊明意趣真古，清淡之宗。"陈伯敳绎曾在《诗谱》中说："渊明心存忠义，心处闲逸，情真景真，意真事真，几于《十九首》矣。"以真论渊明，不但透视到他心灵的深邃处，而且也窥见他伟大的精神人格之根源的所在。

从真的概念出发，所以他又肯定了"素心"的高贵价值，《移居·其一》说："闻多素心人，乐与数晨夕。"是对素心的向往追求。《乙巳岁三月为建威参军使都经钱溪》说："一形似有制，素襟不可易。"《饮酒·其十五》也说："素抱深可惜。"是对小己的素心之意识。因之对素字的爱好，对素色的欣取，竟是他心灵情调的泄露，是以他有："君其爱体素。"（《答庞参军》）是状体；"素颜敛光润"（《岁暮和张常侍》），是状颜；"惧负素志"（《祭从弟敬远文》），"检素不获展"（《和郭主簿·其二》），"抱朴守静，君子之笃素"（《感士不遇赋序》），是状志；"夕闲素琴"（《祭从弟敬远文》），"欣以素牍"（《自祭文》），"素月出东岭"（《杂诗·其二》），是状物；"清凉素秋节"（《和郭主簿》）是状节候的对素字灵活的运用了。

从来论陶者，或着眼于其心灵之旷，如魏鹤山说："风雅以降，诗人之辞，乐而不淫，哀而不伤，以物观物，而不牵于物，吟咏性情，而不累于情，孰有能如公（陶潜）者乎？有谢康乐之忠，而勇退过之；有阮嗣宗之达，而不至于放；有元次山之漫，而不着其迹，此岂小小进退所能窥其际邪?"或着眼于其心灵之真,如刘后村说:"惟渊明则不然,观其贫士责子,与其他所作,当忧则忧,遇喜则喜,忽然忧乐两忘,叫随所遇而皆适,未尝有择于其间,所谓超世遗物者,要当如是。"其实这仅能窥探出陶潜心灵的一面,只有合旷与真,才能掘发出陶潜完整的心灵。

二、陶潜的心灵境界之分析

陶潜的心灵境界,析之有三层叠,即执、超、忘。

1.执

执的心灵境界之造成,是起于感情对现实事物世界的执着,结果是心灵的苦痛。《停云》说:"静寄东轩,春醪独抚。良朋悠邈,搔首延伫。"是执着于友谊的渴望。《命子》说:"日居月诸,渐免于孩。福不虚至,祸亦易来。夙兴夜寐,愿尔斯才。尔之不才,亦已焉哉。"《责子》也说:"虽有五男儿,总不好纸笔。"是执着于儿子的贤愚。《荣木》说:"匪道曷依? 匪善奚敦?"《咏贫士·其四》也说:"朝与仁义生,夕死复何求。"是执着于道理的追求。《杂诗·其二》说:"日月掷人去,有志不获骋。念此怀悲凄,终晓不能静。"是执着于壮志幻灭的悲哀。《答庞参军》说:"嘉游未歇,誓将离分。送尔于路,衔觞无欣。依依旧楚,邈邈西云。之子之远,良话曷闻。"《于王抚军座送客》也说:"瞻夕欣良宴,离言聿云悲。"是执着于离情别苦。《庚子岁五月中从都还阻风于规林二首》说:"江山岂不险? 归子念前途。凯风负我心,戢枻守穷湖。高莽眇无界,夏木独森疏。谁言客舟远？近瞻百里余。延目识南岭，空叹将焉如！"
《辛丑岁七月赴假还江陵夜行涂口》也说："怀役不遑寐，中宵尚孤征。"《杂诗·其九》也说："遥遥从羁役，一心处两端。掩泪泛东逝，顺流追时迁。"是执着于羁旅行役的辛劳。有时也执着于道德，所以说："子云性嗜酒，家贫无由得。时赖好事人，载醪祛所惑。觞来为之尽，是谘无不塞。有时不肯言，岂不在伐国。仁者用其心，何尝失显默。"（《饮酒·其十八》）有时也执着于礼教，所以《饮酒·其二十》也说："若复不快饮，空负头上巾。但恨多谬误，君当恕醉人。"他既忘不下时间观念，《和胡西曹示顾贼曹》说："感物愿及时。"《杂诗·其一》说："盛年不重来，一日难再晨。"因之他就执着于生死的烦恼，《岁暮和张常侍》说："民生鲜长在，矧伊愁苦缠。"《己酉岁九月九日》也说："万化相寻绎，人生岂不劳？从古皆有没，念之中心焦。"他既执着于忠义，《拟古·其三》说："翩翩新来燕，双双入我庐。先巢故尚在，相将还旧居。自从分别来，门庭日荒芜；我心固匪石，君情定何如？"所以也就执着于浮名，《饮酒·其二》说："不赖固穷节，百世当谁传。"在这一级的心境的表现里，闪耀着一颗烦恼苦痛的心灵。

从执的心境里荡漾出来的诗篇有：《停云》一首、《荣木》一首、《赠长沙公》一首、《答庞参军》一首、《劝农》一首、《命子》一首。（以上四言，以下五言。）《示周续之祖企谢景夷三郎》一首、《乞食》一首、《诸人共游周家墓柏下》一首、《怨诗楚调示庞主簿邓治中》一首、《于王抚军座送客》一首、《赠羊长史》一首、《岁暮和张常侍》一首、《和胡西曹示顾贼曹》一首、

《悲从弟仲德》一首、《庚子岁五月中从都还阻风于规林之一》一首、《辛丑岁七月赴假还江陵夜行涂口》一首、《乙巳岁三月为建威参军使都经钱溪》一首、《己酉岁九月九日》一首、《饮酒》五首（其二、其九、其十六、其十八、其二十）、《述酒》一首、《责子》一首、《有会而作》一首、《蜡日》一首、《拟古》五首（其一、其二、其三、其六、其七）、《杂诗》八首（其一、其二、其三、其五、其七、其九、其十、其十一）、《咏贫士》一首（其四）、《咏三良》一首、《咏荆轲》一首、《读〈山海经〉》八首（其三、其五、其八、其九、其十、其十一、其十二、其十三），共计五十二首。文有：《与子俨等疏》一篇，《祭程氏妹文》一篇，《祭从弟敬远文》一篇，《晋故征西大将军长史孟府君传》一篇。共计四篇。此外尚有《读史述九章》。

2.超

对执的心境之超越，便到达超的心灵境界的一层叠。这一层心境的特点，是粗糙感情的消灭，精密理智的泛滥驰骋。这一级心境的造成，是起于理性的发扬，哲理的玄想，对烦恼现实事物世界的遗弃超越，和对理想的道理世界的拥抱搜求。结果是心灵的狂欢喜悦，获得无滞的超境。《饮酒·其七》说："秋菊有佳色，裛露掇其英。泛此忘忧物，远我遗世情。一觞虽独尽，杯尽壶自倾。日入群动息，归鸟趋林鸣。啸傲东轩下，聊复得此生。"

从这层心境里诞生出来的诗篇有，《酬丁柴桑》一首、《归鸟》一首。（以上四言，以下五言。）、《形影神》三首、《九日闲居》一首、《归园田居》四首（其一、其三、其四、其五）、《游斜川》一首、《答庞参军》一首、《五月旦作和戴主簿》一首、《连雨独饮》一首、《移居》二首、《和刘柴桑》一首、《与殷晋安别》一首、《始作镇军参军经曲阿作》一首、《庚子岁五月中从都还阻风于规林》一首（其二）、《癸卯岁始春怀古田舍》二首、《还旧居》一首、《戊申岁六月中遇火》一首、《己酉岁九月九日》一首、《庚戌岁九月中于西田获早稻》一首、《丙辰岁八月中于下潠田舍获》一首、《饮酒》十四首（其一、其三、其四、其六、其七、其八、其十、其十一、其十二、其十三、其十四、其十五、其十七、其十九）、《止酒》一首、《拟古》四首（其四、其五、其八、其九）、《杂诗》四首（其四、其六、其八、其十二）、《咏贫士》六首（其一、其二、其三、其五、其六、其七）、《咏二疏》一首、《读〈山海经〉》四首（其一、其四、其六、其七）、《拟挽歌辞》三首，共计六十五首。文有：《感士不遇赋》一篇、《闲情赋》一篇、《归去来兮辞》一篇、《桃花源记》一篇、《五柳先生传》一篇、《自祭文》一篇，共计六篇。此外尚有《扇上画赞》《尚长禽庆赞》二章。

但是，从超的心境有时还可以返坠到执的心境里来，《归园田居·其二》说："野外罕人事，穷巷寡轮鞅。白日掩荆扉，虚室绝尘想。时复墟曲中，披草共来往。相见无杂言，但道桑麻长。"是反映着高超的心境之愉悦，然而一转念间就是："桑麻日已长，我土日已广。常恐霜霰至，零落同草莽"。震荡着执着的心境之苦痛烦恼。在超到执的心境转换里，却也制作出高贵的诗篇。计有：《归园田居·其二》一首，《和郭主簿》二首，《癸卯岁十二月中作与从弟敬远》一首，《时运》一首，共五首。

3.忘

超越了超的心境，就到达了忘的心境，这是陶潜心境的顶层。在执的心境里是情感活动的天地，在超的心境里是理智驰骋的领域，但是到了忘的心境，则既没有情感的胶滞、浮动，也没有理智的超脱、驰骋，它是一种超越了情理的心灵原始境界，这里边是没有名言、分别诸相的，而是一种浑沌状态。这种心境的造成，是起于艺术上的神遇，和虚静的心灵对于宇宙本体"道"的契合获得。《饮酒·其五》说："采菊东篱下，悠然见南山。山气日夕佳，飞鸟相与还。此中有真意，欲辨已忘言。"是艺术的神遇。《酬刘柴桑诗》说："穷居寡人用，时忘四运周。桐庭多落叶，慨然知已秋。"吴瞻泰注说："寡人用，则与天为徒矣，天之四运周，举相忘于天也。落叶知秋，始知时序，正善写忘字。"是心与道的契合获得。这里面映射出一层浑沌而无名言分别相的心境。由此心境创作的诗也只此二首。

五言诗有：《归园田居·其六》"种苗在东皋"一首、《问来使》一首、《四时》一首，前人已辨明非陶之作，故不被论列。又《五孝传》《圣贤群辅录》均系后人伪托，《四库提要》辨之至详。

陶潜因为有超忘的心境，所以他最能领会心神的愉悦奇趣了，因之他也惯以"欣"字状写心情。《时运序》说："欣慨交心。"诗也说："载欣载瞩。"《酬丁柴桑》也说："实欣心期。"《答庞参军》也说："衔觞无欣。"《归鸟》也说："欣及旧栖。"《神释》也说："立善常所欣。"《游斜川序》也说："欣对不足。"《示周续之祖企谢景夷三郎》也说:"终日无一欣。"《乞食》也说:"情欣新知欢。"《移居·其一》也说:"奇文共欣赏。"《于王抚军座送客》也说:"瞻夕欣良宴。"《始作镇军参军经曲阿作》也说:"被揭欣自得。"《庚子岁五月中从都还阻风于规林·其一》也说:"一欣侍温颜。"《癸卯岁始春怀古田舍·其二》也说:"既事多所欣。"《杂诗·其五》也说:"无乐自欣豫。"《咏贫士·其三》也说:"欣然方弹琴。"《读〈山海经〉·其一》也说:"众鸟欣有托。"《闲情赋》也说:"泛清瑟以自欣。"《归去来兮辞》也说:"载欣载奔。"又说:"木欣欣以向荣。"《桃花源记》也说:"欣然亲往。"《孟府君传》也说:"亮欣然而笑。"《五柳先生传》也说:"便欣然忘食。"《扇上画赞》也说:"耦耕自欣。"《与子俨等疏》也说:"便欣然忘食。"《自祭文》也说:"欣以素牍。"在一"欣"字的追求里,扼住了陶潜内心生活的神髓了。

第二节　陶潜对于大自然的欣赏

中国人欣赏大自然在传统上是有两种不同的态度的:一种是出自儒家,一种是起于道家。因为儒家虽然以人间为对象,讲论治平的道理,但他们最理想的生活,还是在欣赏自然的时候。《论语》载孔子与门弟子言志,曾皙说:"莫春者,春服既成,冠者五六人,童子六七人,浴乎沂,风乎舞雩,咏而归。"孔子喟然叹曰:

"吾与点也！"足证儒家对自然的欣赏，一向是感有浓厚兴趣的。但儒家的人生哲学是合理的哲学，视人间的一切最后乃以合理为归，所以他们在自然界里，依然运用着理智去欣赏自然，如像孔子仰望着天，就感到："天何言哉？四时行焉，百物生焉，天何言哉？"俯视着水，便感到："逝者如斯夫，不舍昼夜。"处处发现着天道人事一贯的哲理。是以儒家的欣赏自然，是拿人的理智去观照自然的，人同自然是分离的，所以儒家这种欣赏自然的态度是客观的、实际的、光明的、平常。道家则不然，他们以自然界为道的具体表现，他们对大自然的爱，勿须多说，就是他们对自然的欣赏观照，也不同于儒家的运用理智，而是带有感情的成分。至于人与自然的关系，那更不是分离的，而是混合统一的，《庄子·齐物论》说："天地与我并生，而万物与我为一。"人与万物既一，所以道家的欣赏自然，便是拿人来回到自然，与自然发生同情交感，其态度是主观的、形上的、暝曚的、神秘的。在儒道两种相反哲理精神的对映里，胚胎出对自然欣赏的两种不同典型的态度。陶潜是受儒道思想的感染、熏陶过的，所以在他对自然的欣赏里，一边是静照的客观态度，极理智的对自然美的欣取，一边是执着的主观态度，把自我的生命情调灌注到自然里，引起自然、小己间一片生命情绪的震荡交融。这二者交辉着陶潜的高贵生命与自然所交织成的和谐之美。

一、在静照的客观态度下所获得的自然欣赏

在这个态度下，陶潜去欣赏大自然，完全是客观地玩赏自然之美，丝毫不杂主观的感情，是以他的灵魂是安定的，心灵是平衡的。不过他所玩赏的自然的某几部分，却也与他的心灵天地有关，因为他的心灵天地是"旷"的，所以他对自然的欣赏，也是寄放在旷的上边。

1.旷远

《归园田居·其一》说："方宅十余亩，草屋八九间。榆柳荫后檐，桃李罗堂前。暧暧远人村，依依墟里烟。狗吠深巷中，鸡鸣桑树颠。户庭无尘杂，虚室有余闲。"《辛丑岁七月赴假还江陵夜行涂口》也说："凉风起将夕，夜景湛虚明。昭昭天宇阔，晶晶川上平。"《于王抚军座送客》也说："寒气冒山泽，游云倏无依。洲渚四缅邈，风水互乖违。"这全是客观的对旷远自然景象之描写，所以《庚子岁五月中从都还阻风于规林·其二》说："山川一何旷。"《桃花源记》也说"土地平旷"了。

2.清高

《己酉岁九月九日》说："清气澄余滓，杳然天界高。哀蝉无留响，丛雁鸣云霄。"《九日闲居》也说："露凄暄风息，气澈天象明。往燕无遗影，来雁有余声。"《和郭主簿·其二》也说："露凝无游氛，天高肃景澈。陵岑耸逸峰，遥瞻皆奇绝。"《乙巳岁三月为建威参军使都经钱溪》也说："晨夕看山川，事事悉如昔。微雨洗高林，

清飙矫云翮。"

3.空灵

《拟古·其七》说:"日暮天无云,春风扇微和。"《杂诗·其二》也说:"白日沦西河,素月出东岭。遥遥万里辉,荡荡空中景。"《戊申岁六月中遇火》也说:"迢迢新秋夕,亭亭月将圆。"《时运》也说:"山涤余霭,宇暧微霄。有风自南,翼彼新苗。"

二、在胶滞的主观态度下所获得的自然欣赏

陶潜秉着这样的态度对于大自然的欣赏要求,不是单纯客观的自然之美的玩赏,而是通过了小己主观的情感化过了的自然之领悟,在自然上是观照有诗人的情感激荡,是泛滥有诗人的意志驰骋,在人物中间是弥漫洋溢着一片生命的和谐鼓舞情绪,象征着烙印有诗人波动起伏激越的心灵。

1.荒凉

《归园田居·其三》说:"晨兴理荒秽,带月荷锄归。道狭草木长,夕露沾我衣。"《归园田居·其二》也说:"桑麻日已长,我土日已广。常恐霜霰至,零落同草莽。"《归园田居·其四》也说:"试携子侄辈,披榛步荒墟。徘徊丘垄间,依依昔人居。井灶有遗处,桑竹残朽株。借问采薪者,此人皆焉如?薪者向我言,死没无复余。"《和刘柴桑》也说:"荒涂无归人,时时见废墟。"《癸卯岁始春怀古田舍·其一》也说:"寒竹被荒蹊,地为罕人远。"《丙辰岁八月中于下潠田舍获》也说:"扬楫越平湖,泛随清壑回。郁郁荒山里,猿声

闲且哀。悲风爱静夜，林鸟喜晨开。"因为陶潜对人生有过荒凉的体验，所以最能感受的是自然界中荒凉的景色，这里边实在震荡着人生悲凉的哲理。

2.自然

陶潜对大自然最能欣赏的是它的自然状态，即万物自然尽性的状态。《始作镇军参军说经曲阿作》说："望云惭高鸟，临水愧游鱼。真想初在襟，谁谓形迹拘。"《游斜川》也说："气和天惟澄，班坐依远流：弱湍驰文鲂，闲谷矫鸣鸥。"《与子俨等疏》也说："见树木交荫，时鸟变声，亦复欢然有喜。"《癸卯岁始春怀古田舍·其一》说："鸟哢欢新节。"《归去来兮辞》也说："木欣欣以向荣，泉涓涓而始流。"

3.闲美

《游斜川序》说："天气澄和，风物闲美。"《癸卯岁始春怀古田舍·其二》也说："平畴交远风，良苗亦怀新。虽未量岁功，既事多所欣。"《归去来兮辞》也说："云无心以出岫，鸟倦飞而知还。"

4.和谐

《岁暮和张常侍》说："向夕长风起，寒云没西山。洌洌气遂严，纷纷飞鸟还。"《饮酒·其七》也说："日入群动息，归鸟趋林鸣。"《拟古·其三》也说："仲春遘时雨，始雷发东隅。众蛰各潜骇，草木纵横舒。"《读〈山海经〉·其一》也说："孟夏草木长，绕屋树扶疏。众鸟欣有托，吾亦爱吾庐。"《饮酒·其五》也说："山气日夕佳，飞鸟相与还。"是对宇宙和谐之美的感受，而自己也涵泳在这种和谐之美里。有时他对大自然失掉和谐的刹那景象，也是能够欣赏的。《饮酒·其四》说:"栖栖失群鸟,日暮犹独飞。徘徊无定止,夜夜声转悲。"《咏贫士·其一》也说:"万族各有托,孤云独无依。"

5.贞秀

《九日闲居》说:"寒华徒自荣。"《和郭主簿·其二》也说:"芳菊开林耀,青松冠岩列。怀此贞秀姿,卓为霜下杰。衔觞念幽人,千载抚尔诀。"《饮酒·其四》也说:"因值孤生松,敛翮遥来归,劲风无荣木,此荫独不衰。"《饮酒·其八》也说:"青松在东园,众草没其姿。凝霜殄异类,卓然见高枝。连林人不觉,独树众乃奇。"在菊松的贞秀姿里,涵融着诗人孤傲的性格。

6.变幻

《和胡西曹示顾贼曹》说:"流目视西园,烨烨荣紫葵。于今甚可爱,当奈行复衰。"《拟古·其七》也说:"皎皎云间月,灼灼叶中华。岂无一时好,不久当如何?"《杂诗·其三》说:"昔为三春蕖,今作秋莲房。严霜结野草,枯悴未遽央。"

陶潜在这个态度下所获得的自然欣赏,不啻是主观生命情调的象征和显露。例如他对归鸟的欣赏,是自我的人生态度之意识。"山涧清且浅,可以濯吾足"(《归园田居·其五》)是小己的处世哲理的领悟。"倾耳无希声,在目皓已洁"(《癸卯岁十二月中作与从弟敬远》)的雪景,更辉映出诗人人格的圣洁。

王国维《人间词话》说:"有有我之境,有无我之境……有我之境,以我观物,故物皆着我之色彩。无我之境,以物观物,不知何者为我,何者为物。"在观照自然的方法态度上,很显然也分为二种：一种是有我，一种是无我，也即是一种是主观，一种是客观。又说："无我之境，人唯于静中得之。有我之境，于由动之静时得之。"王氏的议论，不但拈出了陶潜在欣赏大自然的过程里所获得的相反两大境界，而且也道中了陶潜欣赏大自然的态度方法之精髓。

第七章　陶潜在诗上的成就

诗到魏晋显然地分为二系：一为正始，一为太康，正始是主质，太康是尚文。（详第三章第三节）。正始系是从三玄思想里所胚胎出来的诗派，太康系则只继承了旧的辞赋派，所以正始主质是重内容。因之在形式上是不尚雕刻藻饰，不主俪偶。太康尚文重形式，崇辞采，贵雕饰，主俪偶，结果竞秀争妍，趋于形式的唯美主义。在西晋一代的诗坛，是太康系的势力；但自过江以后至义熙，则正始系复炽，陶潜便是集正始诗风的大成，同时把正始系艺术提高到极峰的一位空前绝后的大诗人。《雪浪斋日记》说："为诗欲词格清美，当看鲍照谢灵运，欲浑成而有正始以来风气，当看渊明。"何孟春论陶诗的荣誉说："陶公自三代而下，为第一流人物，其诗文自两汉以还，为第一等作家，惟其胸次高，故其言语妙，而后世慕彼风流，未尝不钦厥制作，钦厥制作，未尝不尚论其人之为伯夷，为黔娄，为灵均、子房、孔明也。"也正是着眼于其诗的内容，他的荣誉即是孕育于正始系的不重形式的诗风中。

陶诗的荣誉虽如此，但梁钟嵘《诗品》则列陶入中品，《昭明文选》亦仅选陶诗八首，北齐阳休之《陶渊明集序》也说："余览陶潜之文,辞采虽未优,而往往有奇绝异语,放逸之致,栖托仍高。"对陶诗之有所贬抑者,完全是由于时代风尚之故。因晋南渡以后,正始之风虽振,然至陶而尽,谢灵运则复兴太康,故南朝宋齐梁陈以迄初唐为太康系诗风顶盛之时,就修辞上说,不仅在色上力求辞采美目,即在声调上亦求铿锵悦耳,永明(南齐武帝纪年)声律之说,亦即完成于齐梁之际。《文选》中所选之诗,以太康系诗为主,故轻陶重谢,谢诗选有四十七首之多。由空海《文镜秘府论》知当时视文以陆机为最好,诗以灵运为最佳。明乎此,则知南北朝时对陶诗之抑贬,乃诗派系不同之故,诚无足怪。然以陶诗终如江进之盈科《雪涛诗评》所说:"陶渊明超然尘外,独辟一家,盖人非六朝之人,故诗亦非六朝之诗。"而竟不见重于当时文学批评家,所以不能不有《兰庄诗话》所说:"钟嵘品陶潜诗,而置之中品,其上品十一人,如王粲、阮籍辈,顾右于潜耶?论者称嵘洞悉玄理,曲臻雅致,标扬极界,以示法程,自唐而上莫及也,吾独惑于处潜焉。"沈德潜《说诗晬语》也说:"陶公以名臣之后,际易代之时,欲言难言,时时寄托,不独《咏荆轲》一章也,六朝第一流人物。其诗自能旷世独立,钟记室谓其源出于应璩,目为中品,一言不智,难辞厥咎已。"之论慨了。

陶潜在诗上的成就可说是以"自然"尽之,《颜诔》说:"学非称师,文取指达。"便是这种自然的注脚。《朱文公语录》说:"陶渊明诗平淡出于自然,后人学他平淡,便相去远矣。"《龟山先生语录》也说:"渊明诗所不可及者,冲澹深粹,出于自然。若曾用力学,然后知渊明诗,非着力所能成也。"严羽《沧浪诗话》也说:"谢所以不及陶者，康乐之诗精工，渊明之诗质而自然耳。"《说诗晬语》也说："陶诗合下自然，不可及处，在真在厚。"自然原是老庄思想的基本概念之一，由支配他的人生精神，一变而为对上乘艺术所要求的标准。《归园田居·其一》说："久在樊笼里，复得返自然。"返自然说是他对人生理想的要求固可，然倒不如说是他对上乘艺术的标准要求更为恰当些。

从返自然的标准概念出发，在艺术上便产生了三种风格：第一，是朱子所说的"平淡"。杨龟山所说的冲淡亦属之。葛常之《韵语阳秋》也说："陶潜、谢朓诗皆平澹有思致，非后来诗人怵心刿目雕琢者所为也。"王元美《艺苑卮言》也说："渊明托旨冲澹，其造语有极工者，乃大入思来，琢之使无痕迹耳。后人苦一切深沉，取其形似，谓为自然，谬以千里。"平淡便是不奇艳，这是正始系艺术所要求的最高标准。例如"秋菊有佳色"（《饮酒·其七》）一语，他并没在菊色上着浓艳的色彩，只拈出一"佳"字，即活现出菊花高贵的神情来。李公焕注说："定齐曰：自南北朝以来菊诗多矣，未有能及渊明之妙。如'秋菊有佳色'，他花不足当此一佳字。艮斋曰：'秋菊有佳色'一语。洗尽古今尘俗气。"葛常之《韵语阳秋》说："李白云：'清水出芙蓉，天然去雕饰。'平淡而到天然处则善矣。"陶潜便达到了平淡到天然处的境界。《宋文公语录》说："作诗须从陶柳门庭中来乃佳，不如是，无以发萧散冲澹之趣，不免于局促尘埃，无由到古人佳处。"王圻《稗史汇编》也说："陶诗淡，不是无绳削，但绳削到自然处，故见其淡之妙，不见其削之迹。"第二，是严羽所说的质，质的表现便是癯、野、拙、放。东坡说："渊明作诗不多，然其诗质而实绮，癯而实腴，自曹刘鲍谢李杜诸人，皆莫及也。"黄山谷跋渊明诗卷也说："宁律不谐，而不使句弱，用字不工，而不使语俗，此庾开府之所长也，然有意于为诗也。至于渊明，则所谓不烦绳削而自合者。虽然，巧于斧斤者多疑其拙，窘于检括者辄病其放，孔子曰：'宁武子，其智可及也，其愚不可及也。'渊明之拙与放，岂可为不知老道哉？"陈后山也说："陶渊明之诗，切于事情，但不文耳。"休斋也说："人之为诗，要有野意。语曰：'质胜文则野。'盖诗非文不腴，非质不枯，能始腴而终枯，无中边之殊，意味自长，风人以来，得野意者，惟渊明而已。"姜白石诗话也说："渊明天资既高，趣诣又远，故其诗散而庄、澹而腴，断不容作邯郸步也。"李宾之《怀麓堂诗话》也说："陶诗质厚近古，愈读而愈见其妙。"质野不文，也是正始系诗风对艺术所要求的标准。例如《归园田居》五首，纯用白描，一反辞赋派雕饰用典的陋习，仍不失为千古的绝唱。《饮酒》诗"结庐在人境"一首，王荆公说："渊明诗有奇绝不可及之语，如'结庐在人境'四句，由诗人以来无此句也。"是对陶潜绝顶的艺术造诣如何的称誉叹赏？胡仔《苕溪渔隐丛话前集》说："诗以一字论工拙，……记在广陵日，见东坡云：陶渊明意不在诗，诗以寄其意耳。'采菊东篱下，悠然见南山'，见俗本作望，则既采菊，又望山，意尽于山，无余蕴矣，非渊明意也。见南山者，本是采菊，无意望山，适举首见之，故悠然忘情，趣闲而意远，未可于文字精粗间求之。"可知陶潜在艺术上追求的天地，非在文字的精粗，而在意趣的高远。这是符合着正始系的不尚辞采，而高于理想的诗风。所以钟伯敬说："陶诗闲远，自其本色，一段渊永淹润之气，其妙全在不枯。"洪亮吉《北江诗话》也说："趣亦有三，有天趣，有生趣，有别趣。庄漆园、陶彭泽之作，可云有天趣者矣。"这虽然完全就陶诗的内容着眼立论，但亦足以看出陶潜在艺术上的成就，达到了质而实绮、癯而实腴、散而实庄的地步。第三，便是沈德潜所说的真厚。真与厚（厚知淳朴）本是从自然一概念所产生出来的思想。（详见"陶潜与老庄的宇宙思想"节。）但这也恰是正始系诗派对艺术最高的要求。蔡宽夫《西清诗话》说："渊明意趣真古，清淡之宗，诗家视渊明，犹孔门视伯夷也。"刘朝箴也说："靖节平淡自得，无事修饰，皆有天然自得之趣。……及感遇而为文词，则率意任真，略无斧凿痕、烟火气，千载之下，诵其文，想其人，便爱慕向往不能已矣。"陈伯敷绎曾在《诗谱》中说："渊明心存忠义，心处闲逸，情真景真，意真事真，几于《十九首》矣。至其工夫精密，而天然无斧凿痕，又有出于十九首之表者。"宋景濂也说："陶元亮天分之高，其先虽出于太冲、景阳，究其所自得，直超建安而上之，高情远韵，殆有太羹充铏，不假盐醢，而至味自存者也。"真的，陶潜诗文的不可及处，完全是在一"真"字。例如在《归去来兮辞序》里说他做彭泽令是为的"公田之利，足以为酒"，所以特地"求"来的。他怕死，便老实说："世短意常多，斯人乐久生。"（《九日闲居》）他有时觉得人生短促，身后的名是空的，乐得喝喝酒，快活一世，便老实说："从古皆有没，念之中心焦，何以称我情？浊酒且自陶，千载非所知，聊以永今朝。"（《己酉岁九月九日》）又说："吁嗟身后名，于我若浮烟。"（《怨诗楚调示庞主簿邓治中》）然而人生终难免一死，怕也无益，颓废享乐也不是人生的正当态度，于是说："纵浪大化中，不喜亦不惧，应尽便须尽，无复独多虑"。(《神释》)又说:"朝与仁义生，夕死后何求。"(《咏贫士·其四》)这该是有多么的真! 叶梦得《石林诗话》说:"诗本触物寓兴，吟咏情性，但能抒写胸中所欲言，无所不佳。而世多役于组织雕镂，故语言虽工，而淡然无味，与人意了不相关。赏观元亮《告子俨等疏》云:'少学琴书，偶爱闲静，开卷有得，便欣然忘食。见树木交荫，时鸟变声，亦复欢然有喜。尝言五六月中，北窗下卧，遇凉风暂至。自谓是羲皇上人。'此皆平生真意，及读其诗，所谓'孟夏草木长'，至'好风与之俱'，真是倾倒所有，借书于手，初不自知为语言文字也。"这种韵味是多么淳厚，杨龟山所说的深粹，便是指的这种厚味。陶诗的平淡、质野、真厚的特点，可说是从自然一概念而来的，它们标指出正始艺术的极峰。

因为正始系诗派的艺术是重内容的，所以陶潜的诗:一是格高。陈善《扪虱新话》说:"余每论诗，以陶渊明、韩、杜诸公，皆为韵胜。一日见林倅于径山，夜话及此，林倅曰:'诗有格有韵，故自不同，如渊明诗，是其格高，谢灵运池塘春草之句，乃其韵胜也。格高似梅花，韵胜似海棠花。'予时听之，瞿然若有所悟。"格高的原因，《许彦周诗话》说:"陶彭泽诗，颜谢潘陆皆不及者，以其平昔所行之事，赋之于诗，无一点愧辞，所以能尔。"东坡也说:"渊明不为诗，写其胸中之妙耳尔。"二是有奇趣。苏东坡说:"观陶彭泽诗，初若散缓不收，反复不已，乃识其奇趣。每体中不佳，辄取读，不过一篇，惟恐读尽后无以自遣耳。"释惠洪《冷斋夜话》也说:"东坡尝云:渊明诗初视若散缓，熟视有奇趣，如曰'采菊东篱下，悠然见南山'。又曰'暧暧远人村，依依墟里烟。犬吠深巷中，鸡鸣桑树颠'。

大率才高意远，则所寓得其妙，遂能如此，如大匠运斤，无斧凿痕，不知者精疲力竭至死不悟。"（余详前）三是含有哲理。都元敬《南濠诗话》说："东坡拈出渊明谈理之语有三：'采菊东篱下，悠然见南山。''笑傲东轩下，聊复得此生。''容养千金躯，临化消其宝。'皆以为知道之言。予谓渊明不止于知道，而其妙语亦不止是。如：'云纵浪大化中，不喜亦不惧，应尽便须尽，无复独多虑。''望云惭高鸟，临水愧游鱼。真想初在襟，谁谓形迹拘。''朝与仁义生，夕死复何求。''及时当勉励，岁月不待人。''前途当几许，未知止泊处。古人惜寸阴，念此使人惧。'盖真有得于道者，非寻常人能蹈其轨辙也。"陶诗表现的形式也是用单笔的，所以《说诗晬语》说"陶诗胜人在不排"了。

陶诗的创作过程也是自然的。魏鹤山说："先儒所谓经道之余，因闲观时，因静照物，因时起志，因物寓言，因志发咏，因言成诗，因咏成声，因诗成音者，陶公有焉。"《朱子文集》也说："渊明诗所以为高，正在不待安排，胸中自然流出。东坡乃篇篇句句，依韵而和之，虽其高才似不费力，然已失其自然之趣矣。"王彝《跋陶渊明临流赋诗图》也说："陶渊明临流则赋诗，见山则忘言，殆不可谓见山不赋诗，临流不忘言，又不可谓见山必忘言，临流必赋诗，盖其胸中似与天地同流；其见山临流，皆其偶然，赋诗忘言，亦其适然，故当时人见其然，渊明亦自言其然，然而为渊明者，亦不知其所以然而然也，又何以知其然哉。盖得诸其胸中而已。"赵钝叟维寰也说："渊明大节，自足不朽，要以兴会所到，悠然得句，意不在诗，亦如琴不必弦，书不甚解云尔。"施彦执《北窗炙輠录》也说："正夫尝论陶渊明诗云：

渊明随其所见，指点成诗，见花即道花，遇竹即说竹，更无一毫作为。故予尝有诗云：渊明澹无事，空洞抚便腹，物色入眼来，指点诗句足，彼直发其藏，义但随所瞩。"由此知陶潜在文艺上的造诣以"自然"二字尽之者，大约是没有错的。《敫陶孙诗评》说："陶彭泽诗，如绛云在霄，舒卷自如。"郑厚艺圃折衷也说："陶渊明诗，如逸鹤任风，闲鸥忘海。"这都是形容陶诗的自然。

　　陶诗虽是自然而不与人较工拙，如张尔公洁生说："渊明无之非寄，凡获稻、饮酒、乞食、读书，皆寄耳，诗又寄之寄也，岂必铢铢两两，与余人较工拙，论喜憎哉？"但却未尝没有佳句，严羽《沧浪诗话》说："汉魏古诗，气象混沌，难以句摘。晋以还方有佳句，如渊明'采菊东篱下，悠然见南山'。谢灵运'池塘生春草'之类。"都元敬穆《南濠诗话》也说："陈后山曰：'陶渊明之诗，切于事情，但不文耳。'此言非也。如《归园田居云》：'暧暧迷人村，依依墟里烟，狗吠深巷中，鸡鸣桑树颠。'东坡谓如大匠运斤，无斧凿痕。加《饮酒》其一云：'衰荣无定在，彼此更共之。'山谷谓类西汉文字。其五云：'结庐在人境，而无车马喧。问君何能尔？心远地自偏。'王荆公谓由诗人以来，无此句。又如《桃花源记》云：'不知有汉，无论魏晋。'唐子西谓造语简妙。复曰：晋人工造语，而渊明其尤也。"黄文焕《陶诗析义自序》说："古今尊陶，统归平淡，以平淡概陶，陶不得见也。析之以炼字炼章，字字奇奥，分合隐现，险峭多端，斯陶之手眼出矣。"这完全是就陶诗的工于造语处着眼。陶诗的造语：一是简。如《九日闲居》说："世短意常多。"李公焕注说："古诗云：'人生不满百，常怀千岁忧。'而渊明以五字尽之曰：'世短意常多。'"《饮酒·其二》

说："九十行带索。"李公焕注诗："诗眼曰：近世名士作诗云：'九十行带索，荣公老无依。'余谓之曰：'陶诗本非警策，因有君诗，乃见陶之工。'或讥余贵耳贱目，则为解曰：荣启期事近出列子，不言荣公可知；九十，则老可知；行带索，则无依可知。五字皆赘也。"《桃花源诗》说："虽无纪历志，四时自成岁。"唐子西说："唐人有诗云：'山僧不解数甲子，一叶落知天下秋。'及观渊明诗云：'虽无纪历志，四时自成岁。'便觉唐人费力。"这都是语"简"的表现。二是妙。《丙辰岁八月中于下潠田舍获》说："悲风爱静夜。"王棠说："静夜风声更清，有似于爱静夜，练字之妙如此。"

虽然陶诗炼字炼句，但仍不失其自然，因为陶诗在表现上虽有些地方似乎是经过炼字炼句的，而实在是透过了字句去炼意炼境的，所以洪亮吉《北江诗话》说："陶彭泽诗，有化工气象。"又说："余最喜观时雨既降，山川出云气象，以为实足以窥化工之蕴，古今诗人，虽善状情景者，不能到也。陶靖节之'平畴交远风，良苗亦怀新'，庶几近之。此陶诗之足贵，他人描摹景色者，百思不能到也。"但陶诗意境的获得，也是经过极精到的观察体会的，《北江诗话》说："静者心多妙，体物之工，亦惟静者能之。"正是这种过程的说明。陶潜是静者，所以他能万物静观皆自得，看他的"弱湍驰文鲂，闲谷矫鸣鸥"（《游斜川》）这"驰"字和"矫"字，似乎是经过锤炼的，但实际上是一种微妙体会的结果。又如"倾耳无希声，在目皓已洁"（《癸卯岁十二月中作与从弟敬远》），以此十字刻画出了雪之轻虚洁白，鲁莽人能体会及此否？这都可作陶诗炼意境之证。陶诗通过体会的手段而炼意境，这不仅构成了陶诗的深远性，而且也因此更加增了陶潜艺术的自然性。

梁昭明太子《陶渊明集序》说："渊明文章不群，辞彩精拔，跌宕昭彰，独超众类，抑扬爽朗，莫之与京，横素波而傍流，干青云而直上，语时事，则指而可想，论怀抱，则旷而且真，加以贞志不休，安道苦节，不以躬耕为耻，不以无财为病，自非大贤笃志，与道污隆，孰能如此乎？"此评论是以陶诗的内容为主，以形式为副，钟记室《诗品》说："宋征士陶潜诗，其源出于应璩，又协左思风力。文体省净，殆无长语。笃意真古，辞兴婉惬。每观其文，想其人德。世叹其质直，至于'欢言酌春酒''日暮天无云'，风华清靡，岂直为田家语耶？古今隐逸诗人之宗也。"此评论是以陶诗的形式为主，内容为副。所以黄山谷《跋陶渊明诗卷》说："钟嵘评渊明诗，为古今隐逸诗人之宗，余谓陋哉，斯言岂足以尽之，不若萧统云云。"黄氏的黜钟进萧，既合乎评论正始系派的艺术之主旨，也确实能认识陶潜在文艺上的成就。

钟记室谓陶诗源出应璩，又协左思风力。宋景濂则说其先出于太冲、景阳。叶梦得反对钟说，《石林诗话》说："《诗品》论渊明，以为出于应璩，此语不知其所据，应璩诗不多见，惟《文选》载其《百一诗》一篇，所谓'下流不可处，君子慎厥初'者，与陶诗了不相类。五臣注引《文章录》云：曹爽用事，多违法度，璩作此诗以刺在位，意若百分有补于一者。渊明正以脱略世故，超然物外为意，顾区区在位者，何足概其心哉！且此老何曾有意欲以诗自名，而追取一人而模仿之，此乃当时文士，与世进取竞进而争长者所为，何期此老之浅。盖嵘之陋也。"《四库全书提要》说:"嵘论某人源出某人,若一一亲见其师承者,则不免附会耳。"沈德潜也不以陶诗源出应璩为然。这完全是就陶诗的内容与应璩《百一诗》的内容比较后而得的结论。不知钟嵘所谓陶诗源出应璩,乃是就二者的形式关系而言。胡适说:"钟嵘说陶诗出于应璩左思,也有一点道理。应璩是做白话谐诗的(如《百一》《三叟》),左思也做过白话的谐诗(如《娇女诗》)。陶潜的白话诗,如《责子》,如《挽歌》,也是诙谐的诗,故钟嵘说他出于应璩。"(见《白话文学史》第八章,一三一页。)就形式上看,虽然都是白话,但实际上他们也未必有什么渊源关系,至于宋景濂说陶诗出于张协景阳,那真是莫明其妙的言论,因为张协是创造太康系诗风的健将,与集正始系诗风大成的陶潜的诗是根本不同的,并且是立于相反的地位的。陶潜诗的渊源,我以为应该到正始时期里去求,就陶诗的形式与内容情调看,应是出于阮籍的咏怀诗,如其"独坐空堂上"一首,其特点:一、风骨高骞;二、热情丰浓;三、比兴深微;四、笔法单多于复;五、藻采不艳。此为正始系诗风之代表作。陶诗的《拟古·其四》"迢迢百尺楼"一首,正与此相类。

可是,对某文学爱好的潮流风尚,是永远起伏不停地在变动中发展着的,所以不被当时及身后百年人所重视的陶诗,终于见重于盛唐了。《说诗晬语》说:"陶诗胸次浩然,其有一段渊深朴茂不可到处。唐人祖述者,王右丞(维)有其清腴,孟山人(浩然)有其闲远,储太祝(光羲)有其朴实,韦左司(应物)有其冲和,柳仪曹(宗元)有其峻洁,皆学焉而得其性之所近。"《蔡宽夫诗话》也说:

"渊明诗，唐人绝无知其奥者，唯韦苏州、白乐天，尝有效其体之作，而乐天去之亦自远甚。太和后，风格顿衰，不特不知渊明而已。然薛能郑谷，乃皆自首师渊明，能诗云：'李白终无敌，陶公固不刊。'谷诗云：'爱日满阶看古集，只应陶集是吾师。'"可见陶诗对于唐人的影响了。

陶潜虽是继承了正始系诗派，可是他在文艺上的造诣不但超过了正始系的代表阮籍，而且把正始系诗派的艺术，也提高到空前绝后的极峰了。

第八章　陶潜的身后

苏东坡论《乞食》结论说："饥寒常在身前，声名常在身后，二者不相待，此士之所以穷也。"其实陶潜最怕的也是"名扬宇宙，而枯槁当年"，看他说："虽留身后名，一生亦枯槁"，不过，出乎他的意料，他在现世上所成功的是，他一向不在意的身后名，而失败的反倒是他一生所思极力避免的"生平枯槁"事。

陶潜是现世上的失败者，身前的枯槁这毋庸再说，即是他萧条的身后，在他似乎也早感觉到过。《自祭文》说："葬之中野，以安其魂。窅窅我行，萧萧墓门，奢耻宋臣，俭笑王孙，廓兮已灭，慨焉已遐，不封不树，日月遂过。匪贵前誉，孰重后歌？"他在人间亘古不朽的令名，有时他也意识到过，《饮酒·其二》说："不赖固穷节，百世当谁传。"但身后的令名热闹，到底代替不了"大贤之后竟陵迟，浩荡古今同一体"（杜甫赠狄梁公曾孙诗）的萧条，和生前所有的枯槁。

然而对现世要求特殊、要求优待的超人陶潜，却终于逢到像一般人所逢到的平庸归宿。不过他生前所意料的事实现了：第一，他有了身后名。第二，他依然免不了萧条身后事。李公焕注引张缜说："先生既厚积于躬，薄取于世，其后宜有兴者。而六代之际，迄无所用，此亦先生所谓'天道幽且远，鬼神茫昧然'者也。"（原注：靖节之裔，不见于传，独袁郊《甘泽谣》云："陶岘，彭泽之后，开元中，家于昆山。"何孟春也说："《梁书》安成王秀为江州刺史，前刺史取渊明曾孙为里司，叹曰：'陶潜之德，岂可不及后世！'即日辟为西曹掾，六代之际，靖节子孙，仅见此尔。"毛晋也说："李空同督学江右，访得先生墓并田六十有二坵，迁居窃据者数家而封识之，令其裔在星子名琼者领业，在九江名亨者为郡学生，奉先生祠，则琼与亨，亦先生历世重光之一线也。"《古今图书集成》也说："陶靖节墓，在星子县北三十五里。明正德七年，提学李梦阳清出墓于西阳山，置田以备祭祀，命其后琼领之，以陶时亨补郡学生员，至今代有祀生，墓西南为靖节书院。"《庐山志》也说："李梦阳曰：初，渊明墓失也，越百余年无寻焉。予既得其山并田，遂迁诸窃据而葬者数塚，而封识之，然仍疑焉。夫渊明《自祭文》曰：不封不树，岂其时真不封不树，以启窃据而葬者邪？"又曰："予既得墓山封识之矣，又得其故屋祠址田，令其裔老人琼领业焉。然其山并田，德化县属，而老人琼，星子民也。会九江陶亨来，言渊明裔，亨固年少，粗知字义者，于是使为郡学生，实欲久陶墓云。"陶潜的后裔，既不见于传，又不用于世，碌碌无闻，他的墓基也终至于百年无寻，一代诗人的结局如此，这不是萧条身后事吗？明江西提学李梦阳访得先生墓，并置田举琼、亨以奉其祀，这或者对于陶潜一生枯槁和身后萧条的哀感有所安慰吧？

1944年5月2日写于重庆